같은 하루
다른 행복

같은 하루 다른 행복 [재출간판]

제출간판 1쇄 발행 2022년 6월 6일

지은이 원빈 스님
기획·편집책임 현수 스님
디자인·일러스트 손지은
펴낸곳 도서출판 이층버스
출판등록 제2013-45호(2014년 3월 3일)
주소 서울 관악구 양녕로 31, 301-404
이메일 doubledeckerbook@gmail.com
ISBN 979-11-88778-05-8

도서출판 이층버스

나를 찾아 떠나는 행복 여행, 이층버스와 함께 해요.
세상을 따뜻하게 만드는 책을 만들겠습니다.

같은 하루
다른 행복

원빈 스님과 함께 가는
'행복의 길'

원빈 지음

도서출판 이층버스

반드시 가겠다고 다짐하는 서원誓願과
행복을 향해 직접 움직이는 행원行願이 필요합니다

세상의 모든 존재는 행복해지고 싶어 합니다. 주어진 삶 속에서 각자 최선을 다해 노력하지만 이상하게도 우리는 여전히 아픕니다. 도대체 왜 이렇게 아플까요?

우리는 모두 같은 시대를 공유하며 살아가고 있습니다. 참 어려운 시대라고 말합니다. 그래서일까요? 새로운 밀레니엄을 맞이하며 웰빙well-being의 트렌드가 세상을 휩쓸었습니다. 이러한 흐름에 동승하면 행복해지고 건강해질 것이라고 생각했지만 이상하게도 불만은 점점 쌓여갔습니다. 안타깝지만 다른 하루, 비슷한 행복이었습니다.

좌충우돌 삶의 상처를 입은 우리를 위로해주기 시작한 것이 힐링의 열풍입니다. 웰빙이 환경을 변화시키는 역할을 했다면 힐링은 자신의 내면으로 우리를 이끌었습니다. 상처받고 멍들어 있는 마음을 다독여주기 시작한 것입니다. 그렇게 최근 몇 년간 힐링의 트렌드는 폭풍과도 같이 세상을 휩쓸었고, 우리에게 커다란 기대를 안겨줬습니다. 하지만 힐링만으로는 고통의 뿌리를 완전히 제거할 수 없습니다. 잠깐의 진통제와 같은 역할을 한 것뿐입니다. 같은 하루, 조금 나아진 행복입니다.

지금 우리는 힐링의 길 끝자락에 서 있습니다. 많은 이들이 삶의 고속도로 위 휴게소에 멈추어서 힐링의 커피 향기에 취해 있습니다. 우리는 이미 커피를 충분히 마셨고, 휴식했습니다. 휴게소는 멈추는 곳이기도 하지만 재출발하는 시작점이기도 합니다. 지금이 각자의 마음 자동차에 시동을 걸어야 할 때입니다.

마음 저 밑바닥에서 들려오는 소리가 당신을 부릅니다. 본성의 콜링이고, 행복의 부름입니다. 그곳을 향해 가고 싶은 생각만으로는 충분하지 않습니다. 반드시 가겠다고 다짐하는 서원誓願과 그곳을 향해 직접 움직이는 행원行願이 필요한 시대입니다.

지금 우리는 다시 행복의 길로 나서야 합니다. 먼 길을 떠나기 전 달달한 음료와 간식거리, 경로에 대한 지식 그리고 자동차의 연료를 충분히 보충할 필요가 있습니다. 내가 행복의 길을 향하며 알게 되고 경험했던 정보들을 공유하기 위해 지인들에게 썼던 글과 페이스북에 게시한 글들을 모아 이 책을 편집했습니다. 부족한 글 꾸러미 속에서 현명한 답, 완전한 행복을 찾는 마음 여행을 지금 시작한다면 같은 하루 속에서도 자신만의 진정한 행복을 발견할 수 있을 것입니다.

원빈 두 손 모아

Part 2

행복한 것 vs 행복해 보이는 것

Part 3

자아 존중감, 나를 더 사랑해줘

Part 1

행복 선택
Are you ready?

준비되셨나요? Are you ready?

도반 스님이 해인사에 출가하러 가는 길이었습니다. 친구들과 가족들에게 당당하게 자기 뜻을 선포했지만 많은 반대에 부딪혔습니다. 그 모든 반대를 이겨내고 해인사로 가는 마지막 관문인 가야산을 넘어가는데 맨발로 눈물을 흘리며 그 산을 넘었다고 합니다. 기쁨의 눈물을.

너무도 자유롭고 행복한 얼굴로 자신의 이야기를 하던 그 얼굴을 잊을 수 없습니다.

남들과 다른 자신만의 꿈을 좇을 때, 주변의 온갖 반대와 내 안의 의심들이 스스로를 땅바닥에 묶어버리게 합니다. 여기에 묶여서 안주할 것인가? 이것들을 끊어버리고 자유롭겠는가? 가슴이 말하는 그 뜨거운 것을 좇는 삶을 산다면, 자유로워지지 않을까요?

나는 또 새로운 출발을 준비합니다.
나라는 모든 틀로부터 자유로워질 때까지!
준비되셨나요? Are you ready?

보세요

원하는 만큼 세상은 보입니다. 본래 모든 것을 볼 수 있는 통찰을 지닌 우리지만 안 된다는 생각에 사로잡혀 스스로 눈이 멀었다고 생각하고 있을 뿐이에요.

보세요. 봐 보세요.

희망을. 넓은 세상을. 이미 행복함을.

잘 보이나요?

행복 수업

당신 인생의 목표는 무엇입니까? 만약 여러 가지라면, 그중 하나만 선택해 보세요. 무엇을 선택하시겠습니까? 나는 주저 없이 행복을 선택하겠습니다.

한 조사에서 우리나라 사람들의 평균적 행복지수를 발표했는데, 그 결과는 충격적입니다. 숫자로 표현하면 실감이 잘 안되니 다른 집단과 비교해 보겠습니다. 그 행복지수는 미국에서 학대받는 여성들이 느끼는 것과 비슷하다고 합니다. 행복에 실패하는 이유는 여러 가지 표현으로 말할 수 있겠으나, 제 개인적인 해답은 정말 간단합니다.

'몰라서.'

우리는 행복에 대해 배워야 합니다. 그래야 행복해질 수 있는 가능성이 커집니다.

하지만 누가 행복에 대해서 알려줄 수 있는가? 배워본 적은 있는가? 행복이 도대체 무엇이고, 어떻게 하면 얻을 수 있는가? 물음표의 향연입니다. 당신은 개인적으로 확신을 가지고 대답을 할 수 있습니까? 있다면, 훌륭합니다!

하지만 우리나라의 평균적인 사람들은 평생 행복 수업을 들어보

지도 못하고 삶을 마치는 경우가 허다합니다. 수학, 영어, 과학 등 그 어느 과목보다도 우선시되어야 하는 것이 행복 수업입니다. 인간은 모두 행복해지기를 원하니까요.

행복해지려면 알아야 합니다. 지금 모르면? 배워야 합니다. 그래서 친구를 잘 사귀어야 합니다. 행복한 친구와 함께 있어야 몸과 마음이 행복을 배웁니다. 행복이 당신의 몸과 마음에 스며드는 것이죠. 물드는 것입니다. 생선 싼 종이는 생선 비린내, 향을 싼 종이는 향내가 나듯 말입니다.

행복한 친구들을 소중하게 여기시고, 찾으세요. 그 사람과 함께 있어 보세요. 기분이 좋아지고, 평화롭고, 행복하다면 그와 함께하고 싶다고 진실을 말하세요. 주기적으로 만나서 커피도 마시고, 질문도 하고, 상담도 하세요. 이렇게 하지 않는다면 어떻게 행복에 대해서 배울 수 있겠습니까.

안 배워서 모르면? 고통스러워집니다. 혼자만 감당하는 것이 아니라 당신의 소중한 사람들까지도 고통 속으로 함께 끌고 가게 됩니다.

당신이 행복하기 위해, 그리고 소중한 친구들의 행복을 위해 꼭 행복을 공부하세요. 이렇게 할 때 당신의 마음에 영양분이 공급되고 정신적 키가 자라면서 정말로 성인聖人이 되는 것입니다.

부디 주변을 행복하게 하는 '해피 바이러스'가 되시길!

내 인생의 화가

고등학교 2학년, 괜스레 고시생 흉내를 내고 싶었습니다. '절에서 공부하기' 흉내!

나를 받아줄 절이 어디 있을까? 수소문을 해서 천안의 광덕사라는 절에 도착했습니다. 알고 보니 할머니와 어머니가 저를 얻기 위해 100일 기도를 한 곳이라고 합니다.

그렇게 고시생 흉내가 시작됐습니다. 한여름 대청마루에서 시원한 바람을 즐기며 수학 책을 펴놓고는 나무 사이를 날래게 뛰어다니는 청설모를 바라보고 딴청을 피우기도 했습니다.

어느 날 새로운 스님 두 분이 절에 오셨습니다. 젊은 스님들이었습니다. 그때는 대인기피 증상이 심했던 시기였기에 관심 없는 '척'했지만 젊은 스님들의 행동은 자꾸 내 눈길을 끌었습니다. 천진한 표정과 온화한 말투, 자신감 있는 멋진 행동…….

이렇게 곁눈질로 스님들을 살피기 시작한 지 일주일. 아랫목에 누워서 TV를 보고 있는데 스님들이 불렀습니다.

"법우님, 수박 같이 먹을래요?"

이미 스님들에게 상당한 관심이 있었기에 바로 나갔습니다.

그렇게 어색하면서도 편안한 대화가 시작되었습니다. 입안 가득 수박을 물고, 하늘에는 쏟아질 듯이 별 많은 그 밤에.

한 스님이 내게 물었습니다.

"법우님, 우리가 왜 이 자리에서 이 순간에 만났을까요?"

멍~. 순간 할 말이 없었습니다.

잠시 침묵이 흘렀습니다.

"실은 우리가 전생에 이 자리에서 이 순간에 다시 만나기로 한 도반이었어요. 기억나요?"

벼락을 맞은 듯 등줄기로 전율이 흘렀습니다. 의심한다, 믿는다의 문제가 아닌 그냥 받아들여지는 진실이었습니다. 적어도 내게는.

그 순간부터 시작이었습니다. 내 삶의 새로 태어남은. 나는 그 절에서 모친의 기도로 내 육신의 몸을 받았습니다. 그리고 그 절에서 과거의 약속을 듣고 내 정신의 새로운 몸을 받았습니다. 나는 다시 태어났습니다. 나의 작고 소심했던 과거인 제1막이 끝나고, 그 순간 새로운 제2막이 시작되었습니다. 꿈만 같았던 그 시간. 마음에 번뇌가 없다는 것이 얼마나 행복하고 평안한가를 알게 되었던 멋진 시간이었습니다. 그리고 이제 인생의 제2막을 끝내고 제3막을 시작하려고 합니다.

'나'라는 소설의 주인공이자 작가는 바로 자신입니다. 변화를 결정할 순간을 본능적으로 알아차렸다면 망설이지 마세요. 당신은 인생의 조연이 아닙니다. 우주를 그리는 화가가 자신임을 굳게 믿으세요. 그 믿음 속에서 무한한 잠재력이 당신의 우주를 빛내줄 것입니다.

가슴 뛰는, 가슴 벅찬, 환희로운! 그러한 삶을 멋진 작품으로 그려내시길 간절히 바랍니다.

'나'와 다른 '너'

우리는 다른 사람이 나와 같기를 바랍니다. 하지만 상상해 보면 정말 끔찍하게 지루합니다. 다름으로 생기는 아름다움과 역동성이 없는 세상은 숨 막히는 정적만이 흐르겠죠.

빨간색을 파란색이 보조합니다.
노란색이 보라색을 도와줍니다.
그렇게 색색깔이 모여 세상의 찬란함이 이루어집니다.
다름은 축복입니다.
그러니 '나'와 다른 '너'를 인정해 주세요.
그로 인해 내가 배웁니다.
그가 있어 내가 빛납니다.

사랑을 하는 방법

사랑을 하는 방법은 두 가지가 있습니다.

사랑을 받는 것, 사랑을 주는 것.

받으려고만 하면 그것은 아귀의 마음이니 힘듭니다.

아주 작은 실망이 관계를 깨뜨립니다.

주려고 하면 천상의 마음이니 행복합니다.

관계가 좋아집니다.

받는 것은 기대하는 마음입니다.

주는 것은 베푸는 마음입니다.

기대하는 것보다는 베푸는 것이 훨씬 행복합니다.

사랑을 주세요.

『화성에서 온 남자, 금성에서 온 여자』

남자들이란 흡사 고무줄과도 같다.

그들은 도로 잡아당겨질 때까지는 최대한 멀어지려는 특성이 있다.

여자는 파도와 같다.

사랑받고 있다고 느낄 때 여자의 자부심은 마치 파도처럼 오르내
린다.

　-존 그레이『화성에서 온 남자, 금성에서 온 여자』중에서

　남자와 여자의 언어는 다릅니다. 뇌 구조가 다르고, 살아온 문
화와 받아온 교육이 다르기 때문입니다. 이렇게 다른 두 종족이 잘
살아가기 위해서는 서로를 공부해야 합니다. 그 사람에 대해 알아
보는 노력을 기울이는 것, 그 사람을 사랑하고 아낀다면 당연히 해
야 할 일입니다.

　나에게 큰 투자를 해줄 투자자를 만나려고 할 때, 그에 대해서
미리 알아보고 공부하는 것은 너무나 당연한 일이잖아요. 사랑한
다고 말하는 그 사람에 대해 공부하지 않아 '이해불가理解不可'라면?
그를 향한 나의 마음을 점검해 봐야 합니다.

　이 세상의 모든 존재는 다릅니다. 그런 우리끼리 화합하고

평화롭게 살아야 하죠. 서로가 서로를 공부하고 이해해야 함은
자명한 일입니다.

나는 당신을.

당신은 나를.

놀이 마스터

어렸을 적 나는 놀기를 정말 좋아했습니다. 아침에 눈 뜨면 곧장 밖으로 나가 아이들을 깨워서 놀이터로 뛰어갔습니다. 온 동네를 휘젓고 다니다가 해 질녘 집에 들어가곤 했습니다. 놀이터에서 하루 종일 제기를 차고, 축구를 하고, 씨름, 팽이, 구슬, 돌 차기 등 모든 놀이에 통달했습니다.

다른 아이들은 한 가지도 통달하기 어려웠는데, 나는 어찌 모두를 통달했을까요? 그 답은 많은 시간을 투자했고 몰입했기 때문입니다. 농구를 하더라도 중학생 형들과 하는 것이 좋았습니다. 잘하는 사람들의 움직임에 내 몸이 빨려 들어가는 그 느낌을 즐겼습니다. 정말 굉장한 경험이었습니다. 내가 사라지는 느낌……. 상쾌한 느낌이었습니다.

몰입하는 시간은 밀도가 다릅니다. 또한 즐거움의 밀도 역시 다릅니다. 처음 그 느낌을 맛본 이후로 나는 항상 그 느낌을 좇았던 것 같습니다. 그 좇는 몰입의 과정이 놀이터의 모든 기구를 마스터하게 된 비결입니다. 몰입을 통해 놀이터에서의 행복과 즐거움 그리고 성공이 항상 나를 따랐습니다.

스님이 된 후 깜짝 놀랐습니다. 그전까지 몰입이란 좋아하고 흥미로운 대상이 있어야 가능한 것으로 여겼습니다. 그러나 부처님의 가르침을 배우며 몰입은 대상에 의지하지 않더라도 마음의 훈련을 통해 가능하다는 것을 배웠습니다. 이것은 정말 '유레카'였습니다.

나는 지금도 무의식적으로 끝없이 몰입을 찾습니다. 등줄기를 짜릿하게 해주는 그 즐거움이 좋습니다. 몰입의 마스터가 되는 그날까지 연구를 계속해갈 것입니다. 그리고 몰입을 뛰어넘어 몰아沒我, 그리고 무아無我를 체득할 것입니다.

'나'라는 소설

자세히 관찰해야 하는 일을 꼼꼼하게 잘하는 사람이 있습니다. 하지만 세세한 것에 너무 집착해서 전체를 놓고 봤을 때 멋지지 못한 경우가 있죠. 나무 하나하나와 숲 전체를 고루 살펴 조화를 이룰 때 역사에 남는 작품이 나옵니다.

지금 우리는 저마다 인생이라는 작품을 쓰고 있습니다. 오늘은 '나'라는 소설의 셀 수 없이 많은 페이지 중 아주 적은 부분에 해당한다는 것을 기억하고 넓게 바라보기를 바랍니다.

세계관, 사고관이 넓어지면 사소하게 마음에 걸리는 문제들은 정말 별거 아닌 게 됩니다. 시간이 지나고 보면 울고불고 했던 가슴 아픈 일들이 한순간의 추억일 뿐이란 걸 깨닫게 됩니다.

못나도 괜찮다!

사단 법당에서 교육생의 간식 공수를 봉사해 주시는 분이 출발하셨습니다. 법회는 여느 때와 다름없이 진행되었습니다.

설법을 시작한 지 40분 정도 흘렀습니다. 불안 증상이 나타납니다.

'왜 안 오지?'

50분이 넘어가기 시작했습니다.

'전화는 왜 안 받지?'

초조하고 당황하였습니다. 한편으로는 이렇게 생각하였습니다.

'이 정도 일에 내가 왜 당황할까?'

표정도 신경 쓰입니다. 교육생들을 쳐다보니 덩달아 산만합니다. 슬쩍 실망하는 마음과 더불어 화가 납니다. 연락이 안 되니 더 기다릴 수가 없어서 법회를 끝냈습니다.

그 후 간식은 무사히 도착했습니다. 교육생들도 맛있게 먹었습니다. 그런데 나만 마음이 불편합니다. 혼자서 마음이 불편합니다.

'왜 불편하지?'

참마음 붓다께서 말씀하십니다.

'잘난 척하려니 불편하지!'

잘나기 위해서는 불편함을 감수해야 합니다. 얼마나 힘듭니까?

못나도 괜찮습니다!

잘남 vs 행복함.

무엇을 선택할 건가요?

버리세요. 잘나고 싶은 그 마음을…….

위치성 내려놓기

이기는 것과 지는 것은 우리들의 마음이 만들어낸 환상입니다.

축구 경기 할 때 이기는 팀은 어디인가요? 단지 골을 많이 넣으면 이기는 것이고, 아니면 지는 것입니다. 골이란 무엇인가요? 축구 경기가 정해놓은 규칙에 따라 축구 골대 안에 정확히 공을 차 넣는 것입니다. 그렇다면 골대란? 정해진 규격의 정해진 거리에 있는 쇠로 만들어서 그물을 씌워놓은 그런 물건의 이름입니다. 그렇다면 쇠란? 그물이란?……. 이렇게 개념들을 추적해 들어가다 보면 우리가 무엇에 의지해 이런 마음을 만들어냈을까 궁금해집니다.

모든 것은 우리의 마음이 정해놓은 것입니다. 그냥 사회의 약속일 뿐입니다. 어디에서나 적용이 되는 진리가 아니라 축구라는 경기 규칙을 아는 사람들 사이에서만 적용되는 개념일 뿐입니다.

이기는 것은 좋은 것이고, 지는 것은 나쁜 것이라고 정해놓은 개념들을 위치성이라고 합니다. 이 위치성을 놓아버릴 때, 즉 이기고 지는 마음을 초월할 때, 이기는 것에 더 이상 집착할 필요가 없어집니다. 진다고 해서 더 슬퍼할 필요가 없습니다.

그냥 좋습니다.

그냥 재미있습니다.

그냥 행복해집니다.

엄청나게 많은 위치성을 포기하고 우리 함께 행복해져요!

비워서 청정함은 최상의 행복

비워서 청정함은 최상의 행복
꿈 같은 세상살이 바로 보는 길
온 세상 사랑하는 나의 이웃들
청정한 저 국토에 어서 갑시다.

-세정진언洗淨眞言 중에서

눈에 보이는 것이 다 진실은 아닙니다. 귀에 들리는 것, 오감으로 느끼는 것이 진실이 아닌 경우가 태반입니다.

우리는 항상 과거를 봅니다. 이 글자와 당신의 눈이 만나는 순간 과거의 추억, 기억, 감정, 지식 등을 검색해서 판단을 내립니다. 즉, 과거를 통해 현재를 비춰보고 있는 것이죠. 이것은 꿈과 같은 구조입니다. 꿈은 카르마karma라는 필름을 돌려 마음속으로 보는 영화거든요.

이렇게 현재 위에 덧씌워진 과거를 바라보며 사람들은 그것을 진실로 증명하기 위해 부단히 노력합니다. 갖가지 방법으로 증명하려 하고, 자신의 고집을 점점 더 견고하게 만듭니다. 그리고 그 고집이라는 삶의 고름이 커지면 정말로 다양한 재앙이 그 고름을 먹기 위해 달려옵니다. 어휴~.

비운다는 것은 고집을 내려놓는 것을 의미합니다. 고집을 내려 놓는다는 것은 의견을 버리는 것이 아니라 상대방의 의견을 존중하는 것입니다. 객관적인 동시에 뚜렷한 주관을 가지는 것입니다. 이렇게 내 마음의 고름을 비워낼 때 내가 한숨 돌릴 수 있는 마음의 공간과 여유가 생기고, 그곳에 지혜의 빛이 들어설 수 있습니다.

우리는 하루에도 몇 번씩 화장실을 갑니다. 그때마다 내 몸의 오물만이 아닌 마음의 고름, 고집을 함께 비워내는 연습이 이루어진다면 멋지고 밝은, 행복하고 즐거운 삶에 가까워지지 않을까요?

청정한 저 국토는 다른 곳에 있는 것이 아닙니다. 지금 이 자리에 있습니다. 내 마음의 인식이 변화할 때 이 자리가 지옥이 되기도, 극락이 되기도 합니다. 그리고 그 중심에는 마음의 고름인 고집이 있습니다.

우리 함께 청정한 국토로 갑시다. 그 고집 이제 좀 버리고요.

비워서 청정함은 최상의 행복이니
당신이 이 행복을 선택하는 그 순간,
이 세상의 악신들은 두려움에 떨며 항복하고,
하늘에서는 환희의 꽃비가 내릴 것입니다.

않았을 뿐입니다

영천 삼사관학교로 가는 길. 마치 삼청교육대에 가는 기분이었습니다. 완전 암울했죠.

그러나 입구에 들어서는 순간, 천진한 표정의 병사를 바라보니 마음을 전환해야 할 것 같았습니다.

'그래, 즐겨보자!'

입소 첫날 목사님, 신부님, 스님들이 모였습니다. 그리고 시작된 체력 테스트! 팔굽혀펴기, 윗몸일으키기, 달리기……. 단연 돋보이는 이는 선무도로 유명한 골굴사 출신 도반 스님이었습니다. 그 스님은 1분 동안 팔굽혀펴기를 무려 100개나 했습니다!

나에게 2분이 주어졌습니다. 하나, 둘, 부들부들……. 나는 조용히 일어섰습니다.

조교가 말합니다.

"아직 시간이 많이 남았습니다. 계속하세요!"

"……."

나에게 남은 시간은 더 이상 의미가 없었습니다.

'헉, 팔굽혀펴기는 도저히 못하겠다!'

그렇게 9주의 시간이 흘렀습니다.

마지막 체력검정 시간. 팔굽혀펴기로 주어진 2분을 모두 활용했습니다.

'80개! 1급이다.'

역시 연습하면 못할 것이 없습니다.

단지 안 할 뿐입니다.

행복해지고 싶지만, 불행하기만 한가요?

착각입니다.

아직 행복을 선택하지 않.았.을. 뿐입니다.

행복을 선택하고 행복에 대해 배워야 합니다.

우리에겐 무한한 가능성이 있다는 것을 기억하세요.

행복을 선택할 가능성이 무한합니다.

불행을 선택할 가능성도 무한합니다.

당신은 어떤 선택을 하실 건가요?

행복을 맛봐요

내가 관찰한 청년들은 행복해지는 방법을 머리로는 알지만 가슴으로는 잘 알지 못하더군요. 맛집의 음식 모양, 가격에 대해선 잘 알지만 정작 시켜서 맛보지는 못한 그런 안타까운 상황입니다.

먹어봐야 맛을 알 수 있습니다. 머리로 따진다고 해서 아는 것이 아니지요. 행복은 아는 것이 아니라 느끼는 것입니다.

지금 눈앞에 있는 행복을 맛봐요. 그리고 그 맛을 느껴보세요. 가슴이 따뜻해지는 그 멋진 맛을. 열정이 샘솟는 그 훌륭함을. 평화롭디 평화로운 그 참된 평화를.

우리 이제 맛봐요. 그만 좀 따지고.

바늘처럼, 바다처럼

길을 잃습니다.

관계가 틀어집니다.

일에 장애물이 생깁니다.

진행하던 일이 엎어집니다.

이것은 실패가 아닙니다.

이 우주가 나에게 소통하자고 말하는 것입니다.

변화해야 한다고 말하는 것이죠.

균형을 잡아야 할 때입니다.

기회입니다. 소중한!

바늘처럼 좁아진 안목으로 보면 고통이지만,

바다처럼 넓어진 안목으로 바라보면

더할 나위 없이 좋은 기회입니다.

명상

"스님, 요즘 사는 게 지옥 같아요. 어떡하죠?"

"알려드린 명상은 해보셨나요?"

"스님, 너무 바빠서 명상을 못했어요."

"명상은 마음의 찌꺼기를 제거하는 작업입니다. 바쁠수록 마음의 오염물인 스트레스가 많아져요."

"네."

"그럼 명상을 두 배로 더 해야 그 찌꺼기를 제거할 수 있지 않을까요?"

스트레스가 남긴 독성이 몸과 마음에 남아 있으면 힘들겠죠?

걸어 다니는 법당, 나눔

이제 더 이상 법당은 한 장소에 머무는 곳이 아닙니다. 페이스북, 트위터……. 사이버 공간을 채우는 지혜 있는 그 사람 자체가 법당입니다. 스마트폰과 인터넷만 있으면 방문이 가능하죠.

난 여기 있고 여러분은 거기 있지만 우리는 걸어 다니는 법당 안에 함께 하는 것입니다. 그 속에 게시되는 지혜, 영혼의 차 한 잔을 즐기며 '좋아요'나 '댓글' 그리고 '공유하기'는 '나눔' 그 자체입니다.

죽음으로의 레이스

사람이 태어나면 남녀노소 누구나 공평하게 거쳐야 하는 관문이 있습니다. 그것은 죽음이죠. 사람의 인생은 태어나는 순간 죽음을 향해 나아갑니다.

독일의 철학자 하이데거Martin Heidegger는 항상 죽음을 강조합니다. 죽음을 가까이할 때 사람은 삶을 힘 있게 살아갈 수 있다고 합니다. 부처님 역시 '죽음을 인식하는 만큼 삶의 낭비가 적어진다.'라고 하셨습니다.

태어나면서부터 시작된 죽음으로의 레이스. 그 위에 서 있는 당신! 남은 인생을 낭비하겠습니까? 하루하루, 바로 지금을 온전히 사시겠습니까?

사랑은

당신의 사랑은 24k인가요?

소중한 존재를 의심하기 시작하면 그의 행동이 짜증으로 받아들여집니다. 짜증을 풀지 못하면 분노가 일어나고, 이 분노를 다스리지 못하면 폭력이 됩니다.

사랑을 폭력으로 변질시키는 불순물.

독과 같은 의심.

칼날 같은 의심.

가시 같은 의심.

의심은 불행의 시작입니다.

소중한 것처럼 간직하실래요?

아님, 던져버리실래요?

역경의 담금질

쥐가 쥐약을 왜 먹나요? 맛있어서 먹습니다. 쾌락에 눈이 멀어서 함정임을 모르는 것이죠. 우리는 항상 내가 만든 쥐덫에 스스로 걸려버립니다.

하지만 그래도 '괜찮아요!' 그 쥐덫을 내 행복, 성공의 밑거름으로 만드는 힘이 있다면 힘들어해도 '괜찮아요!'

고통이 나를 성장시키는 원동력임을 안다면 역경을 영적인 기회로 변화시킬 수 있습니다. 큰 그림의 관점에서 역경은 나를 강하게 제련하는 이 우주의 담금질임을 기억하세요. 그 속에서 힘든 경험은 내 지혜로 적금처럼 차곡차곡 쌓여갈 거예요.

내가 선택한 감정

외로움, 두려움, 분노, 슬픔……. 누가 던져놓은 덫이 아니에요. 내가 선택해서 들어가는 감옥이죠. 내가 만든 감옥이니 용기를 내서 나오세요. 물론 쉽지 않겠지요.

남이 아닌 내가 선택한 감정이라는 것을 먼저 인정해야 합니다. 내가 외로워하는구나. 내가 두려워서 이러는구나. 멀리 떨어져서 영화 속 배우인 양 내 속에 흐르는 감정을 그냥 바라보세요. 제3자의 입장에서 바라보세요. 그럼 점점 부정적인 감정에서 벗어나는 힘이 커집니다.

부딪힘

모든 재앙의 근본은 부딪힘입니다. 나와 너의 부딪힘입니다.
그리고 그 속에는 '내가 옳다'라는 생각이 숨어 있죠.

자신의 소중한 생각을 위해서는 전쟁도 마다하지 않는 것이 사
람입니다. 스스로 그 잘난 정의를 지키기 위해 수백만의 사람들에
게 시련을 주는 사람은 인간으로서 '실격'이죠.

우리는 이러한 우만愚慢한 존재들을 위해 기도해야 합니다. 그
리고 이 기도가 내 안의 어리석음을 향해 회귀되어야 합니다.

의사, 정치인, 종교인, 선생님……. 무엇이 되든 먼저 사람이
되어야 합니다. 사람으로서 가장 기본적인 조건은 자신의 오만함
을 발견하고 제어하는 지혜가 아닐까요?

내가 진정으로 알 수 있는 것은 아무것도 없구나!

사랑을 주세요

사랑을 받는다고 느끼는 순간은 자신이 인정받고 이해되고 있다고 느끼는 순간입니다. 상대방은 내가 좋아하는 것을 받을 때가 아니라 상대방이 좋아하는 것을 받을 때, 사랑받는다는 느낌을 받습니다.

신혼부부가 있습니다. 아내는 된장찌개를 기가 막히게 끓입니다. 거의 요리사 수준입니다. 그녀가 세상에서 가장 자신 있는 음식이 된장찌개예요. 하지만 남편은 된장찌개를 정말 싫어합니다. 된장 냄새를 역겨워해요. 그는 김치찌개를 좋아합니다.

아내는 남편을 위해 매일 맛있는 된장찌개를 정성껏 끓입니다. 남편은 너무 힘들죠. 자신이 싫어하는 것을 주니까요.

이런 상황 어떤가요? 아내는 사랑을 베푼다고 생각하지만 자신이 좋아하는 것을 남편도 좋아해 주길 바라고 있습니다. 결국 사랑받고 싶은 것입니다.

사랑한다는 것은 그를 이해하고 인정해주는 것입니다.

그 나물에 그 밥

지금 행복하지 않은 사람은 과거에도 행복하지 않았을 거예요. 또한 미래에도 행복하지 않을 가능성이 높죠. 돈이나 명예, 사랑 같은 조건들은 좋아지기도 나빠지기도 하겠지만 그 속에 있는 내가 변하지 않으니 과거도, 현재도, 미래도 그 나물에 그 밥 아닐까요?

지금 이 순간, 과거나 미래가 아닌 현재를 들여놓을 때, 진정한 행복이 드러나기 시작합니다.

현재를 선택하시고, 즐기세요. 그럼 마음에 얼룩진 과거에 대한 후회나 미래에 대한 두려움은 점점 사라질 거예요. 환희로움으로 가득 차 있는 마음에 끼어들 자리는 없을 테니까요.

정진의 길

사람들은 기도합니다. 더, 더 달라고. 만약, 이렇게 원하는 모든 일이 이루어진다면 굉장히 난감한 상황이 펼쳐집니다. 야구를 하는데 양 팀 모두 자신들이 이기길 원합니다. 모든 소원이 이루어진다면 누가 이겨야 하나요?

마음대로 안 되는 것이 당연한 세상입니다. 하지만 그렇다고 해서 가만히 주저앉아 아무것도 안 한다면? 변하는 것은 하나도 없답니다.

우리는 많은 서원을 가지고 있습니다. 그리고 정진합니다. 내가 그만두는 일은 있지만 실패라는 것은 없습니다. 실패처럼 보이는 일도 정진의 길이니까요.

흥미롭고, 자유로운 삶을 원하십니까? 그럼 지금 그 자리에서 움직이세요. 힘차게! 열정적으로!

실패는 없다

세상에 불가능은 없습니다. 특히 인간은 무엇이든 가능합니다. 존재의식의 가장 밑바닥 행동인 살인과 강간 등 정말 동물보다도 못한 일부터 천신들도 벗어나지 못하는 윤회를 벗어나 성인聖人이 되는 것까지, 모두 가능합니다. 누구에게나 자신이 원하는 '그것'을 이룰 수 있는 가능성이 있습니다.

그 가능성을 꽃피우기 위해 사람들은 노력합니다. 누구나 최선이라고 여기는 것을 선택한다는 소크라테스의 말과 같이 우리 모두 최선의 노력을 다합니다.

하지만 누구는 성공하고 누구는 실패하죠. 어떤 차이일까요? 큰 성공을 이루는 사람들의 가치관 속에는 실패라는 단어가 없습니다. 목적지가 있는데 그곳으로 가기 싫어 스스로 쉬거나 멈추는 것은 있어도 못 가는 것은 없습니다.

이 세상 삶의 길은 온통 미로와 함정투성이입니다. 원래 그런 거죠. 원래 그런 이 세상 속에서 길 잃을 때마다, 함정에 빠질 때마다 실패라고 여기며 주저앉을 것인가? 돌아가는 것, 쉬어가는 것, 조금 느리게 가는 것이라고 여기며 끝없이 목표를 향해 나아갈 것인가? 선택하셔야 합니다. 당신의 인생사전에 실패라는 단어를 그대로 쓸지, 지워버릴지…….

　세상에 실패는 없습니다. 실패처럼 보이는, 실패라고 말하는, 실패라고 정해놓은 일이 있을 뿐입니다. 힘내세요. 당신 스스로 실패라고 결정짓지 않는다면 당신에게는 원하는 그곳으로 나아갈 기회가 있습니다. 얼마든지.

Part 2

행복한 것 vs
행복해 보이는 것

행복한 것 vs 행복해 보이는 것

폼생폼사. 내가 편안하고 행복한 것보다는 남이 보기에 예뻐 보이는 것을 선택하는 것입니다. 남에게도 똑같이 적용하죠. 내 기준에 맞추어 그를 행복하게 해주려고 합니다. 그는 그게 행복하지 않다는데도…….

내가 좋아하는 것, 내가 잘하는 것, 나에게 맞는 것을 할 때 행복합니다. 행복한 척이 아니라 정말 행복해지는 것입니다.

보검의 가치

억울한 일을 당했을 때 해명하려고 하지 말라.

해명하려고 하면 아상我相과 인상人相을 없애지 못한다.

그래서 억울함을 받아들이는 것을 수행의 문으로 삼으라 하였느니라.

－『보왕삼매론』 중에서

대장장이는 검을 예리하고 단단하게 만들기 위해 쇠를 끊임없이 때리고 불에 달굽니다. 그렇게 때리고 달구면 정말로 검이 단단하고 예리하게 성숙해지죠. 그러니 이 과정은 당연히 필요한 것이고, 이것이 대장장이의 입장입니다.

쇠는 뜨거워서 견딜 수가 없습니다. 지옥과도 같은 뜨거움을 내게 주는 저 인간이 너무 밉습니다. 뜨겁게 나를 태우고 쉴 시간도 없이 나를 쇠망치로 때려대니 저 인간은 아마 무간지옥의 야차일 것입니다. 목숨이라도 콱 끊어지면 좋겠는데 쇠라서 그런지 참 질깁니다. 아프고 뜨겁고 너무너무 힘든 지옥에서 살아갑니다. 그러니 이 과정이 너무 힘들고 피하고 싶은 것, 이것이 쇠의 심정입니다.

세상에는 참 많고 많은 시련이 존재합니다. 그리고 현대가 되면서 시련의 종류는 더 많아졌습니다. 세상은 예전보다 살기 좋아졌다지만 힘들다고 아우성치는 사람들은 더 많아졌습니다. 똑똑해졌지만 그것 때문에 더 많은 불만이 생겼고, 편리해졌지만 그것 때문에 불평이 늘어갑니다. 시련이란 내 기준에 어긋나 나를 힘들게 하는 사건이니까요.

어렸을 적부터 과보호를 받으며 자란 현대인은 조금만 자신의 마음에 맞지 않는 일이 생기면 나이에 걸맞은 방법으로 점잖게 떼를 씁니다. 마치 백화점 정중앙에서 배를 땅바닥에 깔고 엎어져 우는 아이와 같습니다.

우리는 이렇듯 내구성이 많이 떨어져 버렸습니다. 왜 우리는 이렇게 많은 시련을 겪게 되는 걸까요? 너무 똑똑해져서 그렇습니다.

똑똑해진다는 것은 내 기준이 많아진다는 것입니다. 아이는 벌거벗고 있어도 하나도 불행하지 않지만 어른이 되어 직장에서 벌거벗는 상황이 오면 체면 때문에 얼굴을 못 듭니다. 왜 그럴까요? 내가 생각하는 기준에 대한 고집이 강렬해졌기 때문입니다. 이것을 아상我相이라고 합니다.

억울하다는 것은 아상을 건드린다는 것입니다. 그래서 견디지 못하고 복수한다고 폭력을 사용하기도 하고, 화병에 걸리기도 하고, 심지어는 자신을 죽이기도 합니다. 내 기준을 지키기 위해서 살벌한 일을 저지르는 것이죠. 정말 안타까운 일입니다.

두려움에 떠는 토끼처럼 살짝이라도 자신의 기준을 건들면 까무러치게 발작해버리는 그런 상태로는 행복을 논하기 어렵습니다. 세상에 사람은 많고, 내 기준을 건드는 사람도 넘치니까요. 그러니 그냥 그 기준에 대한 고집을 버리는 게 행복의 지름길이랍니다.

쇠는 대장장이가 싫지만, 대장장이의 행동을 참고 견디면 예리하고 단단한 보검이 됩니다.

당신이 부러워하는 인생을 사는 그 멋진 사람은 이 세상이라는 대장장이가 주는 모든 시련을 견뎌낸 보검들입니다.

보검이 되고 싶나요? 그럼 당신에게 다가오는 모든 시련을 기뻐하며 인내하세요. 그 속에서 열정을 일으키고, 내 안의 모든 에너지를 완전히 연소시키세요. 뜨거움과 두드림 없는 보검은 세상에 없답니다. 모양만 그럴싸하게 만든 검은 작은 돌멩이에 부딪혀도 톡 하고 부러질 뿐입니다.

세상의 모든 어리석음을 잘라내는 금강석과 같은 보검이 되시기를 바랍니다.

해석의 다양성

군종 법사로 있으면서 아침에 부대로 출근할 때면 교회 앞을 항상 지납니다. 어느 추운 날 아침, 눈길이 미끄러워 조심조심 운전하다가 결국 포기하고 교회 앞에 주차했습니다. 그리고 목사님에게 부탁했습니다.

"목사님, 커피 한잔 주세요!"

우선 뜨거운 물을 한 그릇 얻어가지고 차 유리에 뿌리러 나가려는데 목사님이 주의를 주셨습니다.

"스님, 저 아까 넘어졌어요. 미끄러우니까 조심하세요. 제 아내가 임신했어요. 그래서 혹시 넘어질까 봐 걱정하던 순간, 제가 넘어지고 말았어요. 액땜했으니 참 다행이죠?"

"정말 다행이네요!"

커피 한잔 마시며 몸을 녹인 후, 법당으로 가려고 교회를 나섰습니다. 역시나 뒤뚱뒤뚱.

"스님, 교회 앞에서는 절대 넘어지시면 안 됩니다!"

"왜요? 해석의 여지가 많아서요?"

"하하하~."

미끄러우니까 넘어지는 것입니다. 그런데 우리는 참 해석을 다양하게도 합니다. 누구는 긍정적으로, 또 누구는 부정적으로. 왜 그럴까요?

진리는 항상 중립입니다. 좋은 것도, 나쁜 것도 아닙니다. 깨끗한 것도, 더러운 것도 아닙니다. 그저 있는 그대로 중립입니다.

일어난 사건을 해석하는 것은 자신이니, 난 그냥 좋게 바라보는 것을 선택하고 싶습니다. 청정한 광명의 빛깔을 선택하겠습니다.

나를 높이고 싶은 마음

길을 잃어버렸습니다. 강안 초소들을 쭉 따라서 갔는데…….

'없다. 여긴 어디지?'

제 차에는 스님 세 분이 인성교육 견학을 위해 동승하고 계셨습니다. '어떻게 자기 섹터 길도 모르지?'라고 생각하는 거 아닐까? 길을 못 찾으면 망신입니다. 얼굴이 빨개지고, 호흡이 빨라집니다. 그렇게 20분을 더 헤맸습니다.

우여곡절 끝에 초소를 찾아서 교육하고는 돌아가는 길이었습니다.

"오늘 스님 덕분에 즐거웠습니다."

"제가 오는 길을 몰라서 고생만 하셨잖아요. 참회합니다."

"아닙니다. 정말로 즐겁고 유익한 경험이었습니다. 감사합니다."

스님들이 떠난 후 혼자 남았습니다. 문득 이런 생각이 듭니다.

'나만 망신이라고 느꼈구나.'

종종 아무도 그렇게 생각 안 하는데, 혼자서 북치고 장구 칠 때가 있습니다. 워이은 나를 높이고 싶은 마음 때문입니다. 내가 주금만 낮아져도 견디질 못합니다. 보기에 표시도 안 나는데 말입니다. 아무도 신경 안 쓰는데 말입니다.

가장 낮은 곳에 머무르는 연습을 합시다. 온전히 낮아져서 높고 낮음이 사라질 때까지.

무상의 진리

회의가 있어서 용인에 갔다가 집으로 돌아갈 시간입니다. 눈이 펑펑 옵니다. 점점 더 옵니다. 앞이 안 보입니다.

'어떻게 복귀하지?'

언덕을 만났습니다. 차 서너 대가 이미 언덕에 사선으로 서 있습니다. 순간 마음이 불안해졌습니다.

'사고가 나면 어쩌지?'

차에서 내려 주변을 살펴봤습니다. 온 세상이 하얗게 변했어요. 비록 차는 멈춰 있지만 처음 겪어보는 흥미로운 상황입니다. 저는 마치 기상 캐스터가 된 것처럼 사진을 찍어 페이스북에 게시했습니다. 이러한 상황이 점점 재미있어졌습니다.

'완전 신나~.'

차 뒷좌석에서 영화를 한 편 봤습니다. 그러니 더 이상 차가 막혀서 답답한 고속도로 위에 있지 않아도 됐습니다.

'영화관이잖아?'

지금은 개운하게 샤워를 하고, 따뜻한 방 안에서 이 글을 씁니다.

'난 작가인가?'

도대체 하루에 몇 번 변하는 걸까? 이렇게 자주 변화하는 나를 통해 무상의 진리를 봅니다.

세상의 모든 것이 어차피 변하는 것이라면, 그 변화를 내가 주도해보는 것은 어떨까요?

두려움을 버리고 점점 용감해지도록.

어리석음을 버리고 더욱 지혜롭도록.

미움을 던져버리고 많이 사랑하도록.

그렇게 인생의 주인이 되어보는 것은 어떨까요?

6 스텝

1. 우리에게는 무한한 전생이 있습니다.
2. 무한한 전생에는 어머니가 있습니다.
3. 어머니는 나에게 은혜를 베풀었습니다.
4. 은혜는 당연히 은혜로 갚아야 합니다.
5. 은혜를 갚는 최고의 방법은 행복하게 해드리는 것입니다.
6. 내가 먼저 행복해지기 위해 노력하고, 행복해진 만큼 무한한
   전생의 어머니인 모든 존재를 행복으로 이끌겠습니다.

이 가설에 따르면 당신이 오늘 만나게 될 모든 사람 -버스기사 아저씨, 직장 동료, 청소부 아주머니, 가겟집 주인 -그 사람들이 전생에 당신의 어머니입니다. 사랑했던 애인이고, 소중했던 자녀입니다. 물론 나를 죽인 원수이기도 했을 것이고, 사이 안 좋은 친구이기도 했습니다. 다만 기억하지 못할 뿐······.

내가 기억 못 한다고 해서 있었던 과거가 사라지지 않는답니다. 잘해주세요. 기억이 났을 때 그 충격이 얼마나 크겠어요. 내가 그렇게 싫어했던 저 원수가 전생에 내 목숨보다 사랑했던 애인이라니······. 나를 사랑해줬던 어머니였으며, 나의 스승이었다

니……. 기억나는 순간 절망할 수 있답니다. 그러니 잘해주세요.

만나는 모든 사람, 특히 일상에서 자주 만나는 사람들에게는 더욱 잘해주세요. 사랑을 주시고, 베푸시고, 친절하세요. 먼저 웃으시고, 한마디 다정한 인사를 건네세요. 이것이 진리입니다. 행복에 대해서 배우시고, 노력하여 실천하면 행복의 빛이 나타납니다. 그 빛을 전생의 모든 어머니와 함께하세요.

은혜를 원수로 갚지 마시고, 원수도 은혜로 갚으세요. 다른 누구를 위해서도 아닙니다. 바로 당신을 위해서 이렇게 하는 것입니다. 진리에 걸맞은 행동을 실천할 때 사람은 행복해지기 마련이니까요. 그것이 순리입니다.

순리에 몸을 맡기시고, 행복해지세요.

최고의 유산

어떤 씨앗들은 우리가 조상들로부터 물려받은 타고난 씨앗들이다.

어떤 씨앗들은 우리가 자궁 안에 있는 동안 뿌려진 것이고,

또 어떤 씨앗들은 우리가 어린아이일 적에 뿌려진 것이다.

-틱낫한 스님 『꽃과 쓰레기』 중에서

약 200여 년 전 독일의 한 시골 마을에 아기가 태어났습니다. 이 아기는 지적장애아 진단을 받았죠. 어머니는 절망했습니다. 하지만 아버지 카를 비테Karl Witte는 신념을 가지고 있었습니다.

'내 아이를 지적장애아로 살게 하지 않겠다! 천재로 바꾸겠다.'

그러고는 헌신적인 노력을 시작하죠.

사람은 태어날 때 이미 전생의 업을 가지고 태어납니다. 그러니 울음소리가 다르고 생김새가 모두 다른 것입니다. 이 아기는 지적장애아의 종자가 심어진 상태로 이 세상에 태어났습니다. 보통 이런 경우 대부분 지적장애아로 살아가죠.

카를 비테는 생후 15일 된 아기에게 위대한 시인들의 시를 읽어주기 시작했고, 두 살이 되었을 때부터는 위대한 작가들의 작품을 읽어주기 시작했습니다. 정말 헌신적으로 누력했죠.

그 결과 여덟 살이 되었을 때 스스로 그리스 로마 고전을 원전으로 읽어내기 시작했습니다. 아홉 살에는 대학에 입학했고, 열세 살에는 철학 박사학위를 취득했으며, 열여섯 살에 법학 박사학위를 취득한 동시에 교수로 임명되었습니다.

지적장애아로 태어난 이 아이가 어떻게 이렇게 바뀌었을까요? 이미 우리의 마음 밭에는 모든 종류의 씨앗이 뿌려져 있습니다. 천재의 씨앗, 바보의 씨앗, 폭군의 씨앗, 평화주의자의 씨앗……. 하지만 우리에게는 어떤 종류의 씨앗을 꽃피워낼 것인가에 대한 결정권이 있습니다. 태어난 순간에는 지적장애아의 종자가 꽃을 피웠지만 아버지의 헌신적인 노력과 천재들이 남긴 인문 고전의 종자로 천재와 같이 변한 이 아이처럼요.

당신은 부모님으로부터 어떤 종자를 마음 밭에 받으셨나요? 또 자녀에게 어떤 종자를 선물하고 있나요? 당신의 모든 말과 행동, 그리고 생각까지 가족에게 중요한 영향을 미친다는 것을 기억하셔야 합니다.

자녀에게 당신이 물려주는 것은 바로 '당신' 자체입니다. 또한 당신의 부모로부터 물려받은 것 역시 당신의 '부모님' 자체입니다. 그렇기에 자녀가 행복해지길 바란다면, 부모님이 자유로워지길 바란다면, 그들을 바꾸려고 하지 마시고 자신이 바뀌면 됩니다. 부모가 자녀에게 줄 수 있는 최고의 유산, 자녀가 부모에게 줄 수 있는 최고의 선물은 바로 자신의 행복입니다.

당신이 행복하면 가족이 행복합니다. 당신이 불행하면 가족도 마찬가지죠. 가족의 행·불행의 열쇠는 바로 당신에게 있다는 것을 꼭 기억하세요.

당신의 행복이 가족에게, 가족의 행복이 친구들에게, 친구들의 행복이 다시 그들의 친지들에게, 그렇게 우리나라에서 그리고 전 세계가, 이 법계法界가 행복해지길 기원합니다.

법계가 행복해지는 그 시작은 바로 '당신'에게 있습니다.

한 걸음 더

본성이란 사람이 본디부터 가진 성품입니다. 그리고 많은 종교에서 그 본성을 이야기합니다. 그리고 찾아 나섭니다. 본성의 특징 중 한 가지는 '무한한 가능성'입니다. 다른 표현으로 해보자면 '무한한 소통'입니다. 막힘이 없고, 어디로든 갈 수 있습니다.

두려움은 모든 것을 가로막는 벽을 만듭니다. 사랑은 그 벽을 무너뜨려 무한한 소통이 가능하게 만들어줍니다. 내 자존심이 깨질까 두려워 사랑하는 사람과 소통을 안 합니다. 내 쾌락이 깨질까 두려워 부모님에게 거짓을 말합니다. 내 집착을 들킬까 두려워 애인과의 소통에 방어의 벽을 잔뜩 세웁니다. 내 이미지가 나빠질까 두려워 스스로와의 소통마저 거부합니다. 그것은 본성이 아닙니다.

그 모든 벽을 '무조건적인 사랑'이라는 무기로 무너뜨리세요. 그래야 벽 속에 숨어 있는 진실이 보입니다. 그리고 그 진실은 행복입니다.

사랑하는 사람에게 먼저 연습하세요. 먼저 다가가 보세요. 먼저 칭찬해주세요. 먼저 사랑을 말하세요. 다가가는 것은 사랑이요, 물러서는 것은 두려움입니다. 세상과 자신과 소통하고 싶다면? 한 걸음 더 세상을 향해 다가서세요.

창조자

순간의 번뜩임이 세상을 바꿉니다.
번뜩임은 본성의 빛입니다.
본성의 빛은 나에 대한 집착이 줄어드는 순간 나옵니다.
나에 대한 집착은 고정관념을 만듭니다.
고정관념에서 자유로워지소서.
본성의 빛이 이미 가득한 당신은
당신의 세상을 만드는 '창조자'입니다.

대나무 선생님

대나무는 씨를 심고 싹을 틔우길 기다리는데 감감무소식입니다. 1년, 2년, 3년, 4년. 아무리 기다려도 자라지 않는 대나무. 하지만 5년이 끝나는 즈음 이 나무는 마법처럼 하루에 20센티미터 이상씩 쭉쭉 자라기 시작합니다. 위로 자라나지 않던 시기에는 땅속 깊숙이, 그리고 넓게 뿌리를 넓히고 있었다고 하네요.

자연을 보면 우리는 배울 수 있는 것들이 많습니다. 뿌리가 깊어야 크게 자랄 수 있듯, 우리도 기본이 튼튼해야 합니다. 농구의 기본은 공과 친해지는 것이고, 탁구의 기본은 폼을 연습하는 것이며, 수학의 기본은 연산을 정확히 하는 것이고, 요리의 기본은 칼질이라고 할 수 있습니다.

우리네 삶의 기본은 행복입니다. '행복'이라는 단어가 들어간 모든 문장이 그에 해당됩니다. 행복해지는 방법, 행복이란 무엇인가, 행복을 선택하기⋯⋯. 삶이라고 하는 큰 틀 속에서 일어나는 모든 일의 기본은 바로 당신이 행복해지는 것이니, 마음의 대지 [심지心地]에 뿌리를 깊고 넓게 펼쳐서 행복의 영양분을 많이 저장하세요.

다양한 영양분 하나하나를 흡수해야 할 시점, 즉 삶의 다양하 경험을 만들어야 할 때, 욕망에 이끌려 다닌다면 깔끔한 마무리가 어렵답니다. 질질 끌잖아요. 10년 전 일인데 아직도 원망하죠. 욕망의 노예가 되어서 아직도 마무리를 못 짓고 있는 거예요.

경험을 만드는 그 순간, 대나무 속처럼 욕망을 비우고, 대나무 마디처럼 마무리 매듭을 지어주는 연습을 해야 합니다. 그것이 인간관계이든, 직장 일이든, 학업이든, 밥 먹기든……. 남아 있는 기억과 감정에 집착해서 매듭도 못 짓고, 현재와 미래를 오염시키는 일은 그 자체가 어리석음입니다.

대나무의 교훈을 기억합시다. 삶의 기본, 행복의 뿌리를 마음밭에 깊고 넓게 내리세요. 집착을 놓아버리세요.

착하게 살아요

'소탐대실小貪大失'이라는 말이 있습니다. 바보 같은 일이죠. 하지만 모두가 하는 실수 중의 하나입니다. 왜 소탐대실하게 될까요? 눈에 보이지 않아서 그래요. 작은 것은 눈에 보이고, 큰 것은 눈에 안 보이니까 실수를 하는 것입니다.

지옥의 고통은 말할 것도 없이 엄청나답니다. 유효기간도 정말로 길죠. 하지만 지금 내 눈에는 보이지가 않죠. 그러니 악업을 짓는 거예요. 그러니 욕을 하고, 거짓말을 하며, 폭력도 가끔 휘두르고, 나쁜 생각을 하며, 도둑질을 하는 거죠.

전기가 내 눈에 보이나요? 전기세, 즉 돈은 내 눈에 보이잖아요. 전기는 안 보이고 돈은 보이는데 왜 전기를 위해 돈을 쓰죠? 전기가 있다는 확신이 있어서 그렇습니다. 그런데 왜 지옥의 고통에는 확신이 없을까요? 배의 씨앗을 심으면 당연히 배가 나는 것인데, 왜 도대체 확신을 못하는 것일까요? 사과 씨앗을 심어놓고 배가 안 나온다고 화내고 있는 바보가 가끔 있습니다. 그 바보에게 뭐라고 해야 할까요?

사과나무에는 사과가 열립니다. 백날 기다려봐야 배는 열리지 않습니다. 아무리 빌고 빌어도 선善한 씨앗 없이 행복이라는 달콤한 열매는 열리지 않는답니다.

　이것은 무슨 거창한 진리를 이야기하는 것이 아니라 우리들 눈 앞에 보이는 삶입니다. 누구의 눈에나 다 보이는 그런 삶입니다. 아무리 소원하고 소망하고, 빌고 또 빌어도 심지 않은 씨앗이 열매를 맺지는 않잖아요.

　그러니까 이왕이면 우리 착하게 살아요.

입꼬리 하늘 위로

행복해지고 싶나요? 정말 행복해지고 싶나요? 어렵지 않습니다. 간단합니다. 보면 웃음이 나는 사람과 함께 하세요. 날 보고 웃어주는 이들과 함께 하세요. 그들이 내 삶의 재산입니다. 가장 소중한 그들의 '진가'를 잊지 마세요. 이것이 세상에서 가장 어리석은 망각이랍니다.

행복해지고 싶나요? 만나는 사람들을 향해 활짝 웃어주세요.

입꼬리 하늘 위로~!

당신은 누구?

살고 있는 집을 던져버리고, 멋진 차도 버리고, 입고 있는 옷, 걸치고 있는 가방도 벗어 던지고, 예쁘게 장식한 목걸이와 반지도 다 빼고, 얼굴의 화장과 마음의 메이크업인 가식, 내숭도 다 버리면 그때 남아 있는 당신은 누구인가요?

그 상태로 세상에 홀로 던져졌을 때, 당신은 '자신감' 있나요?

사성제四聖諦 리액션reaction

- 분노 폭발 상황에서

고苦 어떤 반응을 보이고 있지?
집集 왜 이런 반응을 보이는 것일까?
멸滅 그래서 내가 원하는 행복은 무엇이지?
도道 어떻게 반응해야 행복할 수 있을까?

사성제 리액션으로 자신을 연구하는 과학자가 되시길 바랍
니다.

더하기 빼기

어느 한 훈련병이 나에게 물었습니다.

"스님, 지식과 지혜는 무슨 차이가 있나요?"

지식은 더하기입니다. 지혜는 빼기입니다.

행복을 얻기 위한 두 가지 방법은 얻는 것과 버리는 것입니다.

세상은 얻는 것에 중독되어 있지만, 부처님의 가르침은 버리는 것을 배우는 것입니다.

당신은 이미 충분합니다. 진심으로 당신은 이미 충분합니다. 왜 더 얻으려 합니까? 소화하지 못하는 얻음을 계속한다면 당신의 위장은 이 세상보다 더 커질 뿐입니다. 그럴수록 더욱 고통스럽겠죠.

버리는 방법을 배우는 것, 이것이 지혜에 다가서는 방법입니다. 지혜를 얻는다면 당신은 온 세상을 소화시킬 수 있는 완전한 행복 니르바나nirvāna를 얻게 될 것입니다.

버리세요.

져주세요

싸우자고 달려드는 사람과 싸움으로 맞서면 원한의 끈이 묶이고 또 묶이는 것입니다. 싸우자고 달려드는 사람과 맞서지 않는 것은 원한의 끈을 묶자고 할 때 은혜의 끈을 내밀어 보여주는 것과 같습니다.

사회생활을 할 때 무조건 져주기는 어렵습니다. 이해합니다. 하지만 소중한 사람들에게는 어떤가요? 내 목숨만큼 사랑한다는 가족들에게는 어떤가요? 사랑하는 사람에게는 져주세요. '사. 랑. 한. 다. 면. 요.'

두려움에 가득 차 나를 공격하는 사람을 살포시 안아주세요. 욕설과 폭력, 안 좋은 표정을 보내지 말고, 한 걸음 앞으로 다가가 그 사람을 안아주세요. 얘기를 들어주고, 공감해주고, 먼저 미안하다고 하세요. 그리고 또 안아주세요. 무조건 사랑해주세요. 사랑하는 사람이니까요.

사람과 사람 사이에는 안 보이는 끈이 있습니다. 이것이 얽히고설키면 부딪히고 문제가 생깁니다. 문제가 생기면 서로서로 공격하게 됩니다. 공격하면 그 끈이 더 강력하게 묶입니다. 그 끈을 좀 풀어내야 부딪힘이 사라지고 내가 자유로워지는데 말이죠.

두려움을 버리세요. 그럼 그 사람을 밀어내는 나의 벽이 사라집니다. 그럼 져줄 수 있습니다. 져주면 이길 수 있습니다. 내가 자유로워지고, 행복해질 수 있답니다.

두려움과 사랑, 무엇으로 인연을 맺으시겠습니까?

가장 높은 곳에서의 평화

이 세상 모든 종교의 갈등은 종교 자체의 갈등이 아닌 인간의 갈등입니다. 이 갈등의 근본은 다름을 인정하지 않는 것입니다. 다름을 인정하고 나를 고집하지 않는다면 사람 사이의 갈등은 해결됩니다. 종교의 갈등도 당연히 해결됩니다.

모든 종교는 자신의 고집을 꺾고 서로를 자비롭게 이해하도록 권유하지만, 인간은 그 가르침의 껍데기에만 집착해서 다툼과 전쟁까지도 마다하지 않는답니다. 하지만 종교에서 가장 높은 곳의 가르침은 서로 화합하는 것입니다.

관계의 화합으로부터 고통이 아닌 행복을 얻기로 해요.

그것이 종교든, 인간관계든.

겸손

사람들은 흔히 겸손과 자기 비하를 혼동합니다. 그래서인지 겸손함에 대해 거부반응을 일으키기도 합니다. 불교에서 말하는 '하심下心' 역시 마찬가지입니다. 겸손을 통해서는 이해가 생기지만, 자기 비하를 통해서는 두려움이 생깁니다. 덜 집착하는 행위이지 스스로를 못났다고 하는 것이 아닙니다.

겸손이 미덕인 시대입니다. SNS가 발달할수록 겸손은 더더욱 중요해집니다. 소통의 기본이 겸손이기 때문입니다. 겸손하지 못하면 소통을 가로막는 자만심의 벽이 생기니까요. 절대 자기 비하를 하라고 말씀 드리는 것이 아닙니다. 다만 내 것에 너무 집착하지 마세요.

내가 제일이다, 나만 정답이다, 내가 최고다, 이러한 강렬한 집착의 소용돌이에 휘말려 어렵게 만들어놓은 소통의 기반들을 하늘로 날려 보내지 않으시길.

도전! 버킷 리스트bucket list

새로움은 항상 도전의 대상입니다. 내가 해보지 못했지만 동경하는 그것을 시도하는 것.

영화 〈버킷 리스트The Bucket List〉에서는 "우리가 인생에서 가장 많이 후회하는 것은 살면서 한 일들이 아니라, 하지 않은 일들"이라고 합니다. 지금은 막연해 보일 수 있지만 언젠가는 꼭 해보고 싶은 것들, 나만의 버킷 리스트를 만들어보세요.

새로움에 대한 낯선 마음과 미지에 대한 두려움, 돈과 시간을 투자해야 하는 등 불편함이 공존하겠지만 쳇바퀴 같은 삶에 활력소가 되고 삶을 조금 더 가슴 뛰도록 만들어줄 '도전'을 시작해 보세요. 신세계가 펼쳐질 거예요.

플러스 선택

일어나는 모든 일 안에서 우리는 선택할 수 있습니다. 그 선택이 업業을 만들고 업이 결과를 불러일으킵니다. 원인 없이 무슨 일이 일어난다는 것은 씨앗 없이 열매가 열린다고 하는 말과 같습니다.

선택하셔야 합니다. 어둠이 아닌 빛을 선택하셔야 합니다. 그래야 밝은 열매가 열리고 행복해진답니다.

두려움, 슬픔, 절망, 죄책감은 우리를 불행하게 느끼도록 유도합니다. 이것은 마이너스 감정입니다. 사랑, 기쁨, 희망, 자신감은 우리를 행복하게 느끼도록 유도합니다. 이것은 플러스 감정입니다.

선택하세요! 어떤 감정이든 선택할 수 있는 주인공은 바로 당신입니다.

부모의 콩깍지

집착은 왜곡을 불러오죠. 집착이 불러일으키는 환상은 자녀, 부모, 애인, 배우자, 친구에게도 일어납니다.

그래서일까요? 자녀에 대해 가장 무지한 사람이 부모인 경우를 많이 봅니다. 자녀는 공부가 끔찍이 싫은데, 부모는 성적이 우수하다는 이유로 자녀가 공부를 좋아한다고 믿습니다. 청소년이 되기 전까지 아이가 천재라고 생각하는 부모가 참 많더라고요. 자신이 바라는 '이상적인 자녀'의 모습에 강렬히 집착해서 있는 그대로의 자녀를 바라봐주지 않습니다.

모든 관계 속에서도 마찬가지입니다. 있는 그대로를 인정해주세요. 그를, 그 사람을, 그 존재를 이해해주세요. 나와 완전히 다른 그 점까지도. 이것이 사랑입니다.

속지 마세요

남에게 충고하고자 할 때는 다음의 다섯 가지를 생각해야 합니다.

충고할 만한 때를 가려서 말할 것이요, 그렇지 못할 때는 침묵을 지킵니다.

진심에서 충고하고 거짓되게 하지 않습니다.

부드러운 말씨로 이야기하고 거친 말을 쓰지 않습니다.

의미 있는 일에 대해서만 말하고 무의미한 일은 말하지 않습니다.

자비로운 마음으로 이야기하고 성난 마음으로는 말하지 않습니다.

-『증지부경전』 중에서

남에게 충고를 할 때 잘 살펴보세요. 언성이 커지고, 맥박 수가 높아지고, 화를 내고 있다면 그건 더 이상 진심 어린 충고가 아닙니다. 충고라는 핑계로 내 번뇌에 내가 사로잡힌 겁니다.

더 이상 속지 마세요.

인색함

날씨가 추울 때 물을 아낀다고 수도를 틀어 놓지 않으면 얼어버립니다. 돈이 더 들죠.

경제가 어렵다고 너무 인색하게 굴면 친구들의 마음이 얼어버립니다.

가진 것이 없다는 생각, 부족하다는 생각이 들 때가 바로 남에게 베풀어야 하는 순간입니다.

자신 있나요?

"딸이 어떻게 살았으면 좋겠습니까?"

"자기 줏대 있는 삶을 살았으면 좋겠습니다."

"그런데 왜 딸의 의견을 인정해주지 않습니까?"

"딸이 걱정돼서요."

"엄마도 딸을 성인으로 인정 안 해주는데, 세상 누가 딸을 성인으로 인정하겠습니까?"

"그래도 걱정되는데요……."

"그건 엄마가 자기 마음 아플까 봐 걱정하는 거지, 딸을 걱정하는 게 아닙니다!"

딸을 둔 어머니와 나눴던 이야기입니다.

부모가 성인 자녀를 통제하면 자신보다 못하게 살게 됩니다. 잘해야 자신만큼 살게 됩니다. 자녀에게 자신의 삶을 그대로 물려줘도 좋을 만큼 자신 있나요?

충분히 행복한가요?

세모를 원하는 네모

성품은 관계 속에서 드러납니다. 관계 속의 문제는 고집에서 일어납니다. 고집은 이해하는 힘으로 해결됩니다. 그와 내가 다르다는 것을 인정하는 것이죠.

내 아이는 세모고, 나는 네모라는 것을 인정하는 것입니다. 내가 낳아서 키운다고 해서 세모의 모서리를 깎아 네모 속에 넣으려고 하면 아이의 영혼은 상처투성이가 됩니다. 부모는 자신이 행복하다고 생각하는 네모를 자녀에게 끝없이 주려고 합니다. 사랑이라는 이름으로.

하지만 자녀는 세모가 필요해요. 네모는 괴로워요. 감옥이에요. 자녀는 오직 세모 안에서 행복합니다. 자녀가 잘하고 재능이 있는 것은 세모입니다. 네모가 아닌.

혼자 두면 정말 훌륭한 아이가 부모님과 함께만 있으면 이상해지는 경우를 자주 봅니다. 주눅 들어버리고, 당황하고, 의존적으로 변하고……. 이러한 문제들은 아이를 있는 그대로 이해하지 못하고 부모가 끝까지 고집을 부릴 때 일어나는 일입니다.

혹시, 누군가에게 네모를 강요하고 있지 않나요? 아니면, 누군가에 의해 당신의 네모가 잘려나가진 않았나요?

부모님을 사랑할 기회

아이들이 거짓말을 하는 이유는 막히는 것이 있기 때문입니다. 자기가 하고 싶어 하는 것을 자꾸 누군가가 방해하는 것이죠. 그리고 방해하는 사람을 싫어합니다. 그래서일까요? 부모님을 싫어하는 아이들이 많아요. 아이들에게 부모님을 사랑할 기회를 주세요.

아이에게 사랑을 주는 것은 중요합니다. 하지만 더 중요한 것은 아이들이 부모님을 사랑할 기회를 주는 것입니다. 아이들의 뜻을 지지해주세요. 아이를 버릇없이 오냐오냐 키워도 안 되지만, 내 마음대로 통제하기만 해도 안 됩니다.

아이들의 꿈에 날개를 달아주세요.

부자와 원주민

어느 부자가 여행을 갔습니다. 그는 원주민들의 삶을 보고는 한심하다는 생각을 합니다. 그래서 원주민에게 말합니다.

"당신은 열심히 일해서 돈 안 법니까?"

"돈을 벌어서 뭐 합니까?"

"행복하게 살아야죠!"

"행복이 뭔가요?"

"여유로운 마음으로 가족과 함께 석양을 바라볼 수 있으면, 그게 행복 아닐까요?"

"전 지금 그러고 있는데요?"

"……."

Part 3

자아 존중감,
나를 더 사랑해줘

자아 존중감

현재의 나는 과거의 총합입니다. 자랑할 만한 일이 많거나 뭐가 더 있어야 자아 존중감이 높아지는 것이 아니라, 내 안의 상처가 아물어갈 때 자존감이 회복되는 것입니다. 우리는 본래 존귀하니까요. 자존감은 가지고 있는 상처의 수와 반비례합니다. 칭찬받은 일은 쉽게 잊히지만 비난받아 상처 받은 일은 마음에 품고 살아가잖아요.

자신감이 없나요? 뭘 더 하려고 하기보다는 가진 상처를 받아들이고 치유하는 데 힘써보세요. 상처가 아무는 그만큼 자신을 자랑스러워하는 마음이 더 커집니다. 자신을 사랑하는 사람은 겸손해질 수 있습니다.

자신을 좀 더 사랑하고 자랑스럽게 여기게 되면 그때 우리는 숙이는 연습을 할 수 있습니다. 진심으로 정말로. 그래야 진정한 겸손의 빛이 나온답니다.

세상의 모든 상처가 치유되길 기원합니다.

나는 소중하다

사람들은 스스로의 가치를 너무 값싸게 매기는 경향이 있습니다. 그래서 돈이나 명예, 사랑에 의지해서 스스로의 가치를 증명하고 싶어 합니다. 안 그래도 되는데, 지금도 귀한 존재인데 말입니다.

당신을 사랑하는 사람은 당신의 귀함을 압니다. 그리고 나를 귀하게 여기는 사람을 우리는 좋아하죠. 그러니 당신을 좋아하게 만들려면? 당연히 눈앞의 그 사람을 귀하게 대해줘야 합니다. 하지만 그보다 먼저 스스로 자신을 소중하게 대해주세요.

두 손을 잠깐 비벼보세요. 따뜻하죠? 따뜻해진 두 손바닥을 눈 위에 살짝 올려 주세요. 다시 두 손을 따뜻하게 만들고 심장 부위를 쓰다듬으며 말하세요. "수고했어, 고마워, 난 소중한 사람이야." 세 번 이렇게 해보세요. 심호흡을 세 번 하세요.

자신을 소중히 여기지 못하는 이는 어느 누구도 역시 소중히 여기지 못합니다. 그러니 가장 먼저 자신을 어루만져주세요. 당신의 세상 속 주인공은 당신임을 잊지 마시고, 그에 걸맞은 대접을 꼭 해주시길 바랍니다.

나

명상수련회를 하고 있었습니다. 고상하지만 잘난 척하는 아저씨 한 분이 오셨습니다.

자신에게 소중한 것을 알아보는 시간. 시작도 하기 전에 아저씨는 벌써 적습니다. '나는 아내와 자녀들이 가장 소중합니다.'

소중하다고 여기는 것을 100개 적고, 거기서 10개로 추렸습니다. 여기까지는 쉬웠습니다. 그것을 다시 3개로 줄이니, '아내, 자녀, 자신'이었습니다. 2개로 줄일 때는 아저씨 이마에 땀이 나기 시작하더라고요. 부들부들⋯⋯. 아내 그리고 나. 다시 또 1개를 선택하라고 했더니 정말 한참을 진지하게 고민하더니, 결국 '나'라고 선택합니다. 어렵게 가족보다 자신이 더 소중하다는 것을 솔직하게 인정한 후 감사의 인사를 하셨습니다.

"감사합니다. 정말 감사합니다."

누군가를 제대로 사랑하려면 '나'를 먼저 사랑해야 합니다. 나를 사랑하는 방법은 본성의 빛을 나타내는 것이고요. 나를 사랑하는 꼭 그만큼이 다른 사람을 사랑할 수 있는 용량입니다. 나를 사랑하지 못하는 존재의 사랑은 집착과 폭력으로 변질됩니다.

소중한 사람들을 위해 부디 스스로를 사랑하소서.

나를 더 사랑해줘

"난 네가 싫어."

이 말이 정말 싫다는 의미일 수도 있지만 '나를 더 사랑해줘'라는 의미일 수도 있습니다.

껍데기 속에 숨어 있는 의미를 알아차릴 수 있다면 소통은 좀 더 쉬워지겠죠? 그를 이해하게 되니까요.

껍데기를 붙잡고 늘어지는 말다툼이 아닌, 그 속에 담긴 의미를 이해하는 진정한 대화를 시작해보는 건 어떨까요?

고통의 유효기간

남녀노소 삶의 고통은 누구에게나 존재합니다.
하지만 그 고통을 받아들이는 것은 모두 다르죠.

고통의 유효기간은
아이들에겐 '순간'이고,
어른들에겐 '오랫동안'입니다.

1차선이냐, 2차선이냐

운전을 하다 보면 항상 선택의 기로에 놓이곤 합니다. 1차선에서 달릴까? 2차선에서 천천히 갈까? 신경을 안 쓸 때는 아무 문제도 아니었는데, 한번 신경 쓰기 시작하니 자꾸 눈에 띄고 마음에 걸립니다. 이게 간단한 문제가 아닙니다. 선택했다고 끝이 아니라 또 마음에 걸립니다. 1차선에 서면 2차선이 빠른 것처럼 보이고, 2차선에 서면 1차선이 빠른 것처럼 보입니다. 옆 차선이 조금만 빨라도 넘어가고 싶어 마음이 간질간질합니다.

본래 남의 떡이 더 커 보이는 것이 사실입니다. 장점은 잘 안 보고 단점은 잘 보는 것 역시 사실입니다. 스스로 인정하지만 그래도 참 간질간질 배가 아픕니다.

결국은 마음을 턱 놔야 편해집니다. 하지만 이미 그 습관이 나를 지배하고 있어 잘 안 됩니다. 그래서 한 가지 규칙을 만들었습니다. 운전을 하면서 뒤통수를 의자에서 떼지 않기로 스스로 약속했습니다. 효과가 참 좋습니다.

그 방법이 무엇이든 내 마음을 불편하게 하는 번뇌를 다스려야 합니다. 마음을 턱 놓는 방편을 스스로 계발해야 하는 것입니다. 배 아픈 운전을 편안한 운전으로 바꾸듯 일상을 편안하게 하기 위해서는 마음을 놓는 연습을 해야 합니다.

스스로 발견하고 실천하세요. 편안해지세요. 마음 발명가가 되어 행복을 만들어가세요!

고집 버리기

"스님, 불교에서는 고집을 버리라고 말합니다. 그래야 행복하다고 말이죠. 맞는 말 같습니다. 하지만 고집을 버리면 내 의견이 없어서 사회생활을 하기가 힘들 것 같습니다. 줏대 없는 사람이 될 것 같기도 하고요. 어떻게 마음을 먹어야 할까요?"

고집固執의 고固는 오랫동안[古] 반복한 습관이 마치 성벽[口]처럼 내 주변을 꽉 둘러싼 상태를 의미합니다. 집執은 행복[幸]이라고 판단되는 그것을 꽉 잡고[丮] 있는 상황입니다.

고집은 온전히 나의 기준을 근거로 한 나의 다양한 습관을 가지고 마치 성벽처럼 단단하게 나를 만들고, 그 기준에 맞는 좋아 보이는 것들을 잡아채어 놓지 않으려는 성향입니다. 단어 자체에서 이기적인 느낌이 많이 듭니다. 고집의 질감은 딱딱함, 완고함입니다. 왜 고집을 버리라고 말할까요?

자기 생각만이 최고라고 여기는 왕이 있습니다. 나라가 평화로운 시기에는 이 문제가 크게 드러나지 않습니다. 그냥 폭군이고, 폭정을 일삼을 뿐이지 나라가 망하지는 않습니다. 다만 백성들과 신하들이 엄청 힘들죠.

하지만 전쟁이 일어나면 어떻게 될까요? 이 나라는 전쟁에서 질 확률이 굉장히 높습니다. 한 사람이 아무리 지혜가 뛰어나도 상황을 볼 수 있는 시야는 제한적입니다. 그렇기에 참모진이 필요하죠. 폭군 밑의 참모진은 둘 중 하나를 선택할 수 있습니다. 잘못한 것도 그냥 눈감아버리거나, 충언했다가 목이 잘려 죽거나. 이러한 상황은 전쟁 때도 마찬가지겠죠?

고집이 인간관계에서 불행을 불러오는 이유는 다른 사람의 의견을 경청하지 않게 되고, 그 의견을 듣더라도 존중하지 않게 되기 때문입니다. 생각해 보세요. 내가 저 사람을 위해 진심으로 충고하는데 듣는 둥 마는 둥입니다. 기분 나쁘겠죠? 나의 의견을 저 사람은 항상 무시합니다. 점점 싫어질 거예요. 고집은 인간관계의 실패로 이어지고, 그에 따라 불행을 느끼게 됩니다.

잘 구분하셔야 합니다. 고집을 버리라고 하지, 의견을 갖지 말라고 하지 않습니다. 의견은 가지셔야 해요. 자기 의견이 없는 사람은 매력이 없고, 무시당합니다.

무조건 내 의견을 포기하는 것이 아니라 객관적으로 상대방의 의견과 내 의견을 비교해보는 것이죠. 나만의 줏대는 가지되 내 귀를 막고 있는 고집이라는 귀마개를 벗어 던지고 경청하는 것입니다.

나는 과연 정상일까?

세상과의 막연한 다름. 주변을 둘러봐도 나와 비슷한 이가 하나도 없는 것 같은 외로움 속에서, 이곳에서 벗어나야만 한다는 들리지 않는 끌림이 있었습니다.

그렇게 세상 사람들이 말하는 우울함에 빠져 나를 스스로 학대하고 있던 그때, 난생처음 스님들과의 만남은 강렬한 태양 빛을 바라보는 듯한 충격이었습니다.

밝은 웃음과 걸림 없는 행동, 진솔한 표정과 따뜻한 말투, 눈에 보이는 평화로움. 부러워만 했던 그 모습이 바로 눈앞에 있었습니다.

내 마음에서 작은 움직임이 일어났습니다. 그리고 그것이 시작이었습니다. 내 가슴 밑바닥에 숨겨져 있던 영혼의 눈물이 터져 나오고 상처를 보듬어줄 힐링healing이 시작되었습니다.

그렇게 난 불교가 좋아졌습니다. 아니, 스님들이 좋아졌습니다. 법당에 들어가자고 하면 어릴 적에는 울었고, 커서는 화를 내던 내가……. 참 이상한 일이었습니다.

그렇게 내 상처를 보듬어가던 어느 날 스님께서 말씀하셨습니다.

"법우님, 출가할 거라면 지금쯤 하는 게 어떨까요?"

천진한 얼굴로 대답했습니다.

"네!"

사춘기 시절부터 끊임없이 자문했습니다.

'나는 과연 정상일까?'

조울증과도 같은 다중인격을 자신의 내면에서 발견하고는 내 발로 정신병원을 찾아가고 싶었던 적도 있었습니다. 그래서 한편으로는 심리학자, 청소년 상담가, 정신과 의사가 되고 싶기도 했습니다. 무엇이든 배워서 나와 같은 우울함에 빠진 청년들을 돕고 싶었습니다. 그들의 마음에 작은 움직임을 일으키고 싶습니다. 그 작은 움직임이 치유의 시작이고, 세상을 뒤흔들 영혼의 꿈틀거림임을 믿고 있기에.

인생의 주인공이자 작가인 당신이, 부디 스스로를 구해주시길. 우울함에 빠져 있는 세상에서 나를 치유하세요. 세상을 치유하세요.

나무가 힘들었겠구나

나무 옆에 떨어진 쓰레기를 주우면서 '이 쓰레기 때문에 나무가 힘들었겠구나' 생각하는 그 순간 나무가 기뻐하고 세상이 기뻐한답니다. 그것은 바로 다음 순간에 영향을 미치고, 미래에 영향을 미칩니다.

이런 사실을 깊이 깨달아 자신의 생각이나 행동을 남, 즉 다른 존재를 위해 하나씩 바꿔 나가면 온 우주를 기쁘게 할 수 있습니다.

간섭쟁이

남의 일에 간섭하길 좋아하는 사람은 스스로에 대한 확신이 부족한 경우가 많습니다.

아무리 좋은 이야기도 듣는 사람 귀에 들어가지 않는다면, 그것은 잔소리일 뿐이죠.

남 일에 참견하기보다는 자신의 역할을 찾고 그것에 충실한 삶을 살 때, 마음이 평안하고 주변과 부딪힘이 적어집니다.

다른 사람에 대한 신경은 그만 끄고 자신이 할 수 있는 일, 해야만 하는 일, 하고 싶은 일을 정리해보며 자기 계발을 해나가는 게 어떨까요?

몸 움직이기

이해는 되지만 실천이 어렵다? 마음은 보이지 않으니까 조절하기가 어렵다? 그럴 땐 몸을 움직이는 것이 하나의 좋은 방법입니다. 절에는 절하는 사람들로 가득 차 있고, 한강에는 자전거 타는 사람, 달리기하는 사람들로 북적입니다.

마음이 보이지 않아 다스리기 어렵다면 몸을 움직여 정체된 에너지를 풀어내세요. 미친 듯이 절하고 달리면 내 마음의 독기가 눈물로 빠져나가고 내 몸의 탁한 기운이 땀과 호흡으로 배출됩니다. 그러니 얼마나 몸과 마음이 가벼워지겠어요. 몸과 마음의 오물을 모두 가지고 살려니 얼마나 힘들겠어요.

생각이 정리가 안 된다? 그럴 때도 몸을 움직이세요. 그럼 생각이 정리가 될 거예요.

오늘 108배 어때요? 콜?

몸짱 맘짱

나이가 들수록 점점 감정을 다스리기 힘들어지는 경우를 많이 봅니다. 가속력이 붙은 거예요. 화를 조절하기보다는 표출하는 습관에 가속력이 붙은 거죠. 습관의 힘이죠.

더 이상 속력을 더하지 않도록 마음 운동을 시작하셔야 합니다. 마음에도 근육이 있습니다. 몸짱 될 생각은 누구나 하면서 마음짱 될 생각은 누구나 하지 못합니다.

알아차림. 알아차림도 하면 할수록 가속력이 붙습니다. 마음에 근육이 생기니까요!

아이 컨택_{eye contact}

사람과 사람이 서로 만나면 눈으로 상대방을 바라봅니다. 시선을 그에게 주고, 눈길이 닿는 곳에 마음을 전합니다.

눈을 바라보는 것이 어색하다면 반성 좀 하셔야 해요. 내 눈길을 간절히 원하는 누군가가 있을지도 몰라요.

스마트폰에는 시선과 마음을 그만 주고, 상대방 눈을 따스하게 바라보며 진정한 대화를 한번 해봐요.

봄바람을 맞은 것처럼 가슴이 설레게 될지도 몰라요.

백척간두진일보 百尺竿頭進一步

한때 인류는 지구가 네모라고 생각했습니다. 여행을 가면 떨어져 죽을 것이라고 여겼죠. 세상 사람들이 잘못된 지식을 상식으로 받아들이고 있었지요.

가족, 친구들이 그 길은 낭떠러지라고 다 말려도 자신의 확고한 의지로 새로운 길, 낭떠러지를 향해 용맹한 사자의 한 걸음을 내딛습니다.

'백척간두진일보.'

딱! 한 걸음으로 결판나는 것이 세상이랍니다.

상식에 머무실 건가요?

용기를 내어 한 걸음 나아가실 건가요?

미지의 공포

사람은 모르는 것에 대해 두려움을 가집니다. 하지만 아무리 무서웠던 것도 알고 보면 두려울 것이 없습니다. 깊은 바다를 모르면 미지의 두려운 곳이지만, 알고 보면 엄마의 품보다 더욱 편안한 곳으로 변합니다.

'모름'의 절벽에 이르렀을 때 '앎'을 향해 용기 내어 한 걸음 나아가보는건 어떨까요?

꼴

'나는 포커페이스poker face다. 포커페이스다……. 그러니 내 마음을 들키지 않겠지?'

지나가던 친구가 한마디 던집니다.

"너, 화났니?"

멍~.

얼굴의 어원은 얼꼴입니다. 얼이 꼴로 드러나다. 마음이 밖으로 드러난 모양이 얼굴입니다. 정말 포커페이스를 유지하고 싶다면 마음의 평화를 배워야 합니다. 마음이 흔들리면 꼴도 흔들릴 테니까요. 그리고 주위에 있는 사람들, 그 흔들리는 꼴 다 알아요.

한번 적어보세요

사랑을 방해하는 가장 큰 적은 욕심과 화입니다. 일상생활을 하면서 욕심과 화가 날 때는 종이에 적어보세요.

욕심을 내는 것이 내게 꼭 필요한 것인지. 습관처럼 가지고 싶은 건지. 왜 화가 나는지. 상대방의 어떤 이유 때문에 그러는지. 이런 것들을 하나하나 적어 내려가면서 나와 상대방을 이해해보세요.

이해의 힘은 욕심과 화의 장애를 뛰어넘어 무조건적인 사랑으로 가는 원동력이 된답니다.

아자아자! 파이팅!

오픈 마인드open mind

"이해하기 힘들어!"

정말 이해하기 힘든 걸까요? 아니면 이해하기 싫은 걸까요? 소통이 된다면 이해는 자연스레 일어납니다. 내 의견, 입장을 고집한다면 소통을 가로막는 벽이 만들어지고 이해할 수 없는 상태가 됩니다. 그러나 다른 것을 받아들일 마음의 준비가 된다면 자연 이해가 될 거예요.

닫힌 마음 활짝 열고 소통해요.

난 어디로 가고 있지?

당신의 인생은 어딜 향해 달리고 있나요?

그곳은 많은 이들이 달려가는 곳인가요?

그 길에는 행복이 있나요?

그래서 지금 행복한가요?

인생의 나침반이 되어주는 질문입니다. 나를 비추어볼 수 있는 거울입니다. 질문하지 않는 인생은 의심 없이 낭떠러지를 향해 달리는 기차와 같습니다. 끝없이 질문하는 인생은 묵을수록 지혜가 깊어지게 되죠.

나에게 질문해봅니다.

난 누구지?

난 어디로 가고 있지?

행복의 동반자

세계엔 무수한 종교들이 많이 있습니다. 다양한 언어와 다양한 문화로 각양각색의 모습을 지니고 있지만, 그 내용에는 공통점이 있답니다.

좋은 친구는 가까이하고, 나쁜 친구는 멀리하라! 여기서 친구는 조건, 상황, 인연 등을 말합니다. 실은 이것이 수행의 시작이자, 끝입니다. 이것을 확실하게 구분할 수 있는 분별지를 갖추고, 가야할 길만을 고고하게 걸어 나가는 실천력이 있다면 그는 수행에 성공합니다.

사람마다 그리고 존재마다 고유한 아우라가 있습니다. 그중 피해야 하는 친구는 함께 있으면 주변 사람들의 행복까지도 부식시켜버리는 화, 우울, 질투, 죄책감의 마음 습관을 가진 이들입니다.

이성적으로 이런 사실을 알고 있더라도 사람들은 그놈의 인정이 무엇인지 이끌려 다닙니다. 하지만 아무리 친구라 하더라도 두 손 꼭 잡고 함께 지옥으로 다이빙할 필요는 없답니다.

새로운 방식의 인간관계를 익힐 필요가 있습니다. 인정人情이 아닌 도정道情으로 엮인 관계를. 인생의 목표, 행복의 길을 같이 바라보며 함께 걸어갈 수 있는 그런 인간관계가 필요합니다. 이러한 도정으로 엮인 친구가 있다면 당신의 행복 여정이 결코 외롭지 않을 것이고, 윈윈win-win 효과로 더욱 즐겁고 행복해질 것입니다.

남편, 아내, 형제, 동료, 친구, 스승, 부모, 자녀! 만나는 모든 관계를 도정으로 변화시키소서. 독을 약으로 변화시키는 마음의 연금술로 그들을 내 행복의 동반자로 만드십시오.

Made in UK

만년필을 봤습니다. 생산지가 적혀 있었지요. Made in UK. UK? 모르는 나라였습니다.

스님들에게 나는 말하고야 말았습니다.

"음? 메이드 인 우크라이나네요?"

스님들 모두 빵! 터졌습니다. UK는 United Kingdom으로 영국이라고 합니다.

창피했습니다. 얼굴까지 빨개졌습니다. 그래도 당황하지 않은 척, 같이 웃었습니다.

이상합니다. 왜 아닌 척해야 하지? 왜 나는 잘나야 할까? 왜 나는 어설프면 안 될까? 노력해봐야겠습니다. 나의 어설프고 부족한 부분을 드러내고 인정하도록.

나만의 착각이고 욕심이었구나!

부족해도 괜찮죠, 부처님?

불난 집에 기름 붓기

어떤 집에 불이 나서 불길이 다른 집으로 번질 때
지푸라기같이 불을 번지게 하는 것들을 끌어내려서 버려야 한다네.
마찬가지로 마음이 집착 때문에 미움의 불로 탈 때도
공덕의 몸이 탈 염려가 있으니 즉각 그것을 던져버려야 한다네.

−샨티데바 『입보살행론』 중

불난 집에 기름 붓는다는 말이 있습니다. 불은 화나는 마음이
고, 기름은 집착의 마음입니다.

이 집착의 마음은 화나는 마음을 더욱 강렬하게 만드는 땔감과
같기에 분노의 불은 자기 자신까지 태울 정도로 타오르게 됩니다.

집착은 두 가지 종류가 있습니다. 하나는 좋아하는 것을 가지
고 싶은 마음입니다. 다른 하나는 싫어하는 것을 피하고 싶은 마음
입니다. 내가 좋아하는 컵을 누군가 깨면 화가 나고, 싫어하는 직
장 상사와 어쩔 수 없이 같이 출장을 간다면 그것도 화가 납니다.
분노는 집착하는 마음에 거슬릴 때 일어나는 번뇌이기 때문입니
다.

한 소년이 학교에 지각했습니다. 선생님이 이유를 물었습니다. 소년은 말합니다.

"어떤 아저씨가 동전을 잃어버려서 학교에 늦었어요."

"동전을 찾아드리는 것도 중요하지만 학교에 제 시간에 오는 것도 중요하단다. 다음부터는 그러지 말아라."

"그런 게 아니라, 실은 제가 그 동전을 발로 밟고 있어서 늦었어요."

이 소년은 아저씨가 잃어버린 동전에 욕심이 났습니다. 발로 재빨리 밟고는 아저씨가 갈 때까지 기다린 것입니다. 학교도 가야 하고, 아저씨가 보면 혼날 것도 두려웠지만, 동전에 집착하는 그 마음으로 거기에 꿋꿋이 서 있었습니다.

혹시 당신은 이 소년처럼 무엇인가에 집착하는 마음으로 스스로의 한 발을 묶어두고 그 자리에서 꼼짝 못하고 계시진 않은가요?

정말 많은 이들이 자신만의 소중한 것에 집착하고 살아갑니다. 손에 꽉 쥐고 거기에 매달립니다. 이러한 기질이 분노의 마음에도 똑같이 적용되는데, 분노가 일어나고 나면 그것을 곱씹습니다. 안 그래도 나쁜 그 원수가 더 나쁜 원수가 됩니다. 어떤 이들은 분노를 일으킨 자신에게까지 화냅니다. 분노는 나쁜 것이라고 배웠기에 나쁜 마음을 낸 자신에게 화를 내는 겁니다. 또 다른 이들은 분노를 일으킨 마음을 고이 간직하고는 복수라고 하는 빚을 갚는 그 순간까지 집착합니다.

분노를 즐기는 것도 집착이요, 분노를 싫어하는 것도 역시 집착입니다. 분노라는 불에 기름을 붓고 있기에 그 불이 점점 더 강렬해져서 자신의 심장에는 화병을 만들고, 자신의 마음속 긍정적 성품인 공덕을 태워버리며, 자신의 소중한 인간관계를 우그러뜨리고 끊어버립니다.

자명합니다. 분노가 고통을 부르는 것은 정말로 자명합니다. 명명백백합니다. 언제까지 이런 분노를 즐기실 계획이십니까? 벗어나세요. 자유로워지세요. 분노로부터 자유로워지는 것이 바로 행복로幸福路, 행복의 길입니다. 그리고 그 길의 핵심은 집착에 있다는 것을 명심하세요. 집착을 어떻게 다루는지에 따라 여러분의 인생이 달라집니다. 행복한 인생인가? 불행한 인생인가?

싫어하는 마음도 아니고 좋아하는 마음도 아닌 관조하는 마음으로 세상과 자신의 마음을 바라볼 수 있을 때, 당신에게는 불성으로 향하는 그 길이 열리게 될 것입니다.

그 길을 걸어가려면? 당연히 스스로의 행동을 묶고 있는 한쪽 발을 과감히 들어 올려야겠죠?

부디 자유로워지소서.

Part 4

변화의 시작,
상식 타파

변화의 시작

세상에서 자신이 하고 싶은 일을 성공하는 것이 쉬울까요, 실패하는 것이 쉬울까요?

실패라고 부르는 현상이 일어날 확률이 높아요. 내 마음대로 안 되는 게 당연한 거예요. 이상한 일이 아니에요. 그러니 자각自覺하세요. 세상이 내 마음대로 안 되는 것이 지극히 정상이라는 것을요.

주변을 둘러보세요. 누구나 자기 마음대로 안 되는 것이 세상이잖아요. 인정하세요. 내가 하는 일이 마음대로 되지 않을 수도 있다는 것을요.

인정하는 것이 변화의 시작입니다.

상식 타파

출가 전 무전여행을 했습니다. 처음에는 땅에 떨어진 음식을 못 주워 먹어요. 상식에 지배당하는 것이죠. 이틀이 지나면 얼른 주워 먹습니다. 땅바닥에 누워서 쉬지도 못합니다. 하루만 지나면 50분 걷고 10분 쉬는 동안 어디든 상관 않고, 배낭을 베개 삼아 누워버리죠.

그렇게 내 상식으로부터 자유로워진 지 보름이 지난 후, 땅끝마을의 바닷가를 보며 빌딩 숲에서 누릴 수 없는 큰 자유, 마치 내가 가진 공간에 대한 감각이 무너져내리는 것 같은 체험을 했습니다.

상식으로부터 방종이 아닌 상식으로부터 자유로워질 때, 그곳에서 솟구치는 아름다움을 발견할 수 있지 않을까요?

지금

지금

바로 지금!

지쳐 있는 소중한 사람에게

"힘들지? 괜찮아. 잘한 거야. 고마워"라고 말해보세요.

그의 마음을 쓰다듬어줄 수 있을 거예요.

지금

바로 지금!

지쳐 있는 나에게

"힘들지? 괜찮아. 잘한 거야. 고마워"하고 말해보세요.

나의 마음을 쓰다듬어주세요.

턱 놔버려야

살다 보면 싫은 사람과 상황을 만나게 됩니다. 이것을 원증회
고怨憎會苦라고 하는데요, 그런 상황을 피해 도망치려고 발버둥 치면
칠수록 마치 불 속에 땔감을 넣듯 고통은 더욱 타오릅니다.

소문도 마찬가지입니다. 벗어나고 싶습니다. 해결하려고 발버
둥 칩니다. 그럼, 사람들에게 씹을 거리만 더 던져주는 것입니다.
점점 더 확산되죠. 어차피 코에 붙이면 코걸이, 귀에 붙이면 귀걸
이거든요.

그럴 땐 턱 놔버려야 합니다. 그래야 해결이 쉬워집니다. 유
머를 사용하는 것도 좋은 작전입니다. 하지만 턱 놔버리지 않으면
유머가 안 되죠. 잘난 나를 안 좋은 상황에서 유머로 쓴다? 놔버리
지 않으면 어렵습니다.

세상에는 화라는 불이 나 있습니다. 그 불똥이 언제 나에게 튈
지 모릅니다. 내 마음에도 불이 붙겠죠. 바깥의 불만 끄려고 하지
말고 먼저 내면의 불부터 끄세요.

각자의 종교에 맞는 기도를 하세요. 그리고 믿음의 대상에게
그 불을 봉헌하세요. 그럼 세상이 청안淸安해질 것입니다.

개, 자비

우리 법당 개 이름은 자비입니다. 나무아미타불 염불을 틀어주면 스피커 밑에서 3~4시간씩 명상을 하고 앉아 있습니다. 나보다 훨씬 낫습니다.

자비는 사람을 만나면 격하게 환영해줍니다. 자신이 할 수 있는 최선을 다해서. 나보다 훨씬 낫습니다. 언제든 자신의 등을 땅에 대고 배를 까서 보이며 꼬리를 흔듭니다. 이건 정말 오체투지五體投地보다도 더 자신을 낮추는 것입니다. 상상해보세요. 조금이라도 아만이 있다면 그런 자세는 불가능합니다. 나보다 훨씬 낫습니다.

자비에게 소시지를 줍니다. 그럼 물고 가서 여기저기 파묻어둡니다. 왜일까? 알아봤더니 여자 친구 오면 주려고 하는 것입니다. 개가 소시지를 입에 물었는데 먹지 않고 여자 친구를 위해 아껴둔다? 정말 개가 맞나 싶습니다. 나보다 훨씬 낫습니다.

자비는 내 마음의 친구입니다. 분명 전생에 수행자였을 것입니다. 무슨 악업 때문에 축생으로 태어났는지는 모르지만, 다음 생에 다시 도반으로 만납시다.

우주의 하모니

이 우주는 우리들의 노래가 하모니를 이루는 대합주입니다. 미묘하게 주변의 음이 변하면 나도 그 음에 맞춰 소리를 조화롭게 맞춰야 합니다. 미묘하게 내 눈빛이 변하면 그도 달라집니다. 서로에게 평범했던 우리가 소중한 인연으로 변하기 시작합니다.

사람은 좋아하는 마음을 숨기려고 말투와 표정은 포장할 수 있지만 동공이 확대되는 것은 막기 어렵습니다. 사랑하는 사람을 만나면 더 자세히 잘 보고 싶은 본능 때문에 동공이 커지거든요.

눈빛이 변하면 관계가 바뀝니다.

관계가 변하면 내 우주가 변합니다.

내 우주가 변하면 우리들의 세상이 바뀝니다.

마음을 다잡고 좀 더 따뜻한 눈빛으로 오늘 만나는 이들을 바라본다면 점점 더 따스한 세상에서 살게 되지 않을까요?

공짜

공짜가 제일 비싼 것입니다. 대가를 치르는 방식이 랜덤이라 예상할 수 없기 때문에 예상치 못한 상황에서 한 방을 날리거든요. 방심하고 있다가 한 방 맞으면 훅 갑니다.

아까워도 대가를 치르세요.

그게 가장 싼 거예요.

바닷물이 차면

바닷물이 차오르면 모래사장도 섬이 됩니다.
다시 물이 빠지면 드넓은 모래사장으로 돌아가죠.

인색함, 두려움, 우울함의 감정이 차오르면 '나는 혼자.'
하지만 다시 빠져나가는 순간 '우리는 함께.'
당신은 절대 혼자가 아닙니다.
감정에 빠져 있을 뿐입니다.
어서 나오세요.
파이팅!

미안해

"미안해."

이 한 마디가 관계를 변화시킵니다. 잘못을 해놓고 '괜찮겠지?'하고 그냥 넘어가면 겉으로는 아무렇지 않은 듯 보이지만 저 마음 밑바닥에 고름처럼 쌓인 감정은 그대로입니다.

"미안해."

이 말에 나타난 당신의 마음이 미안한 그 사람에게 전달되는 순간, 마음 밑바닥에 쌓여 있던 고름이 툭 터져나가며 관계의 힐링이 시작됩니다.

우리는 소중한 사람들과 뒤죽박죽 얽힌 감정을 쌓으며 살아갑니다. 그래서 관계가 힘들어져요. 마음 밑바닥에 고인 고름을 쭉 짜내야 합니다. 그러려면 진심에서 우러나오는 한마디 "미안해."는 선택이 아닌 '필수'랍니다.

조금만 다르게

어리석은 생각은 모자란 생각입니다. 지혜로운 생각은 충분한 생각입니다. 지족知足, 만족할 줄 안다는 것이죠. 모자란다고 생각하면 속이 좁아집니다. 만족하면 마음이 넓어집니다. 안 그래도 좁은 마음에 누군가 나를 공격하면 나는 그를 원수로, 적으로 생각하기 쉽습니다. 아주 작은 외압에도 물이 출렁이듯 마음이 흔들리죠. 그래서 사고를 치죠. 소중한 관계를 깨트리고서야 '아 내가 잘못했구나!' 알게 된답니다.

조금만 다르게 생각하도록 연습해보세요. 스스로 지족하면 마음이 넓어지고, 마음이 넓어지면 웬만한 일에 흔들리지 않습니다. 그럼 행복이 깨질 확률이 줄어듭니다. 평안해지니까요.

마음이 넓어야 세상사가 이해가 됩니다. 세상사가 이해되어야 인간관계에 성공하고, 세상사가 이해되어야 사회적 성공도 따라옵니다. 넓은 마음으로 성공과 행복을 가지시길 바랍니다.

착한 사람 콤플렉스

자신을 가치보다 높게 생각하는 것, 오만입니다.

자신을 가치보다 낮게 생각하는 것, 역시 오만입니다.

행복해지기 위해서는 자신의 가치를 정확히 파악해야 합니다.

겸손을 가장한 오만의 향기를 내뿜고 있는 것은 아닌지 살펴 보세요.

가슴에 손을 얹고 진지하게 생각해봐야 합니다.

착한 사람 콤플렉스에 빠진 건 아닌가?

난 왜 착한 사람이기를 원하지?

왜 착한 척을 하며 살았지?

사소한 문제

이것은 '나만'의 문제다.

착각입니다.

이것은 너무나도 '큰' 문제다.

당연히 착각이죠.

누구나 겪는,

아주 흔하고, 사소한 문제입니다.

가슴을 활짝 펴고

세계관을 넓혀 우주의 관점에서 바라보세요.

창밖 나뭇잎이 흔들리듯 평범한 하나의 사건일 뿐이랍니다.

너는 내 거울

사람은 눈에 보이는 사물과 사람을 통해 자신의 마음을 비춰볼 수 있습니다. 즉, 내 마음을 비추는 거울과 같은 거죠. 상대방의 단점이 눈에 띈다면? 그 단점이 당신에게 있는 것입니다. 상대방에게 화가 난다면? 내 마음이 좁아져 있는 거예요. 다른 기쁜 날이었다면 아마도 그 상황에서 화가 안 날걸요?

눈에 보이는 모든 것이 결국은 당신 마음의 그림자입니다. 당신의 허물을 더 이상 다른 사람에게 덮어씌우지 마세요. 당신과 가장 자주 만나는 사랑하는 가족과 친구들이 그 피해자가 될 거니까요.

화가 나거나 질투, 욕심, 우울함, 지적하고 싶은 마음 등이 일어나면 일단 멈추시고, '내 마음의 거울'을 들여다보세요. 그리고 심호흡을 해보세요. 깊이 들이마시고, 깊이 내쉽니다. 내 마음 상태를 알아차립니다.

사고 칠 확률이 줄지 않을까요?

당신의 우주

지금 내 눈앞에 놓인 커다란 문제는 이 빌딩 숲 어디에나 있는 흔한 문제입니다. 한국 어디에나 있는 문제이고, 이 지구의 입장에서 보면 정말 별일 아닙니다.

지구가 포함된 태양계가 십억 개 모이면 은하계가 되고, 그런 은하계가 다시 천억 개 모이면 우주가 되죠. 우리가 사는 이 세상은 정말 넓습니다.

좀 크게, 좀 넓게 생각하세요. 이것이 객관적이고 지혜롭게 세상을 살아가는 비결입니다. 크게 생각하면 내 문제가 더 이상 특별한 문제, 심각한 문제가 아니게 되죠. 그러면 덜 고통스럽고, 해결 방안도 잘 보여요.

당신이 살아가는 우주는 얼만한가요?

욕망 다이어트

요즘 사람들은 '여성은 말라야 한다'라는 편견을 가지고 있습니다. 대중 매체에서 이 생각을 매우 부추깁니다. 마른 듯 보이는 연예인을 '통통해졌다'라고 표현합니다. 마치 그래서 별로라는 듯이.

시대적 무지입니다. 이 무지로 인해 세상의 여인들은 마르기를 강요받습니다. 이 시대 여성들은 말라야 대접받는다는 것이 강박관념으로 자리합니다. 이것은 여성들에게 생존의 법칙과도 같습니다.

마르려고 하지 마세요. 살을 빼는 게 다이어트가 아닙니다. 적절한 식습관으로 몸과 마음을 건강하게 유지하는 것이 다이어트입니다.

정말로 올바른 다이어트의 시작은 욕망의 부기를 빼는 것부터입니다. 맛집 찾아다니는 그 욕망부터 빼야 되는 거죠.

비로소 행복

사람의 첫인상이 결정되는 데 걸리는 시간은 대략 2초랍니다. 사람을 발견하고 해석하여 형상이 나타나면 좋고 싫고를 이전 경험에 따라 판단하게 되죠. 그 후 좋은 것은 좇고 싫은 것은 피하고 싶은 집착이 생겨납니다. 마음대로 되면 행복하고, 마음대로 안 되면 고통스러워합니다.

사람은 누구나 단 것은 삼키고 쓴 것은 뱉고 싶어 합니다. 하지만 그렇게 하는 것은 정해진 시스템대로 반응하는 것입니다. 정해진 대로 한다면 주인이 시키는 대로 행동하는 노예와 같습니다.

행복을 추구하는 사람은 자신의 습관으로부터 자유로워야 합니다. 그것이 주인 되는 길이기 때문입니다. 노예가 아닌 주인이 될 때 비로소 자신의 틀을 무너뜨리며 행복해질 수 있습니다. 자신의 틀을 하나씩 깨어나갑니다.

부처님께서는 수행자들에게 "같은 장소에 이틀 이상 머물지 말아라."고 말씀하셨습니다. 이는 몸이 한 장소에 집착함으로써 의식이 굳어짐을 염려하심입니다.

당신이 혹시 습관의 노예가 되어서 살고 있다면, 그 무명의 집을 버리고 밝게 빛나는 앎, 자각의 집으로 부디 이사하세요.

빛이 없는 곳에는 행복도 없습니다. 수치심, 질투, 죄책감, 분노의 습관의 집을 버리고 밝고 밝은 사랑과 용기, 자발성으로 가득한 평화의 집으로 오세요.

인연

씨앗이 충분히 자라날 수 있는 인연이 쌓일 때, 꽃이 핍니다.

'나' 그리고 '너'는 소중한 인연입니다. 지금 만나는 인연은 그냥 제비뽑기해서 만난 인연이 아닙니다. 엄청난 세월의 인연이 씨앗이 되어 지금의 모습으로 꽃이 핀 것입니다.

부처님께서는 인연의 귀함에 대해서 이렇게 말씀하십니다.

1천겁의 인연은 한 나라에 태어난다.

2천겁의 인연은 하루 동안 길을 동행한다.

3천겁의 인연은 하룻밤을 한 집에서 잔다.

4천겁의 인연은 한 부족으로 태어난다.

5천겁의 인연은 한 동네에 태어난다.

6천겁의 인연은 하룻밤을 같이 잔다.

7천겁의 인연은 부부가 된다.

8천겁의 인연은 부모와 자식이 된다.

9천겁의 인연은 형제자매가 된다.

1만겁의 인연은 스승과 제자가 된다.

귀한 인연입니다.

소중한 인연입니다.

아름다운 인연입니다.

이 귀한 인연의 꽃을 다시 멋지게 심어내면 서로가 서로에게 소중한 존재가 되어 함께 행복의 길로 나아갈 수 있지 않을까요?

시한폭탄

세속의 신들이라 함은 화나면 분노하고, 욕망에 끌려다니며, 주고 받음이 확실한, 지극히 인간적이지만, 인간에 비해서 강력한 능력을 가지고 있는 존재들을 말합니다. 그리스신화의 신들이 대표적이죠.

불교적 관점에서 이러한 신들은 좋은 씨앗을 심어 훌륭한 열매를 얻듯, 좋은 인연을 심어 강력한 능력을 얻은 존재일 뿐입니다. 나머지 부분에서는 인간과 별다른 차이가 없는 그저 끝없는 윤회 속에서 갈 길 몰라 헤매고 있는 존재일 뿐이죠.

윤회는 집착에서 나옵니다. 원하는 돈을 얻으니 더 큰 돈이 필요하고, 더 큰 돈을 얻으니 명예가 필요하고, 명예를 얻으니 사랑이 필요하고, 사랑을 얻으니 이제는 목숨이 다합니다. 끝없이 옮겨 다니는 집착, 이것이 윤회의 근본입니다.

윤회로부터 자유로워지지 않으면 고통의 시한폭탄을 안고 사는 것입니다. 이 폭탄을 버리지 않는다면 언제 어디서, 내 삶의 폭탄이 터져도 결코 이상한 일이 아닙니다.

당신은 행복해 보이고 싶은가요? 행복해지고 싶은가요? 집착으로 많은 것을 쟁취하면 고통의 시한폭탄을 끌어안고 있어도 남들에게는 행복해 보일 수 있습니다. 하지만 폭탄을 안고서 자신이 행복해지기란 정말 어려운 일이죠.

선택하세요! 욕망을 적극적으로 추구해서 행복한 것처럼 보일지, 아니면 욕망을 다스려서 진짜 행복해질 것인지.

말

사람에게는 고유한 느낌이 있다, 특정한 에너지가 있다, 그 사람만의 진동이 있다고도 말하죠. 그렇기에 그가 하는 말, 생각, 행동은 주변 사람들에게 영향을 미치게 됩니다.

자신이 가지고 있는 이 진동을 가장 강력하게 전달하는 '무기'는 바로 '말'입니다. 말이라는 무기는 정말로 명사수라 정확하게 상대의 귀를 찾아 들어가 그의 뇌에 꽂힙니다. 그렇기에 즉각적이고 강력한 반응을 불러일으키죠.

사람의 마음은 TV와 비슷합니다. 그리고 말은 리모컨 역할을 합니다. 그래서 지옥 같은 말을 상대방에게 내뿜으면 상대방 귀에 그 말이 정확히 입력되고 뇌에 꽂혀 그를 지옥으로 이끕니다. 칭찬 한마디에 천상으로, 악담 한마디에 지옥으로 보낼 수 있습니다.

특히 남의 말에 강력하게 작용되는 유형의 사람은 '노예 능력'을 가지고 있는 사람입니다. 이들은 자신의 마음에 어떤 일이 일어나는지 잘 모릅니다. 아무 생각도 안 한다고 자주 말하죠. 행동이 통제 안 되고, 말이 입에서 새어 나옵니다. 이들은 스스로가 스스로의 주인이 아니기에 누구에게나 영향을 받습니다.

하지만 '주인 능력'이 있는 사람은 남의 영향을 잘 받지 않습니다. 스스로 자신의 마음과 행동, 말을 자각하고 있기에 외부의 말에 별로 휘둘리지 않습니다. 이런 사람들은 지옥 같은 말을 잘 내뱉지도 않습니다.

이왕이면 '천상의 말'을 하면 좋겠어요. 또한 남의 말들에 휘둘리지 않기 위해 주인으로서의 능력, 즉 '자각의 능력'을 훈련하세요. 좋은 말로써 사람들을 행복하게 하고, 다른 이들의 말에 울고 웃지 않는, 마음 근육이 튼튼한 맘짱이 되시기를 바랍니다.

세잎 클로버

네잎 클로버는 '행운'을 상징합니다. 그래서 사람들은 종일 클로버 밭을 밟고 다니며 네잎을 찾습니다. 세잎 클로버는 '행복'을 상징합니다. 그런데도 사람들은 네잎을 찾기 위해 세잎은 관심 밖이고 마구 짓밟습니다. 그러고는 행운이 다가오지 않아 불행하다고 말합니다.

왜 우리나라 사람들은 행복도가 낮을까요? 몰.라.서. 무엇이 행복인지 모릅니다. 행복을 어디서 느끼는지 모릅니다. 어떻게 행복해지는지 모릅니다. 그저 사회가 알려준 거꾸로 된 공식으로 행복의 문제를 풉니다. 행운을 위해 도처에 널려 있는 행복을 즈려밟고 있습니다.

자신의 분야에서 크게 성공해 노벨상을 받은 사람이 있다고 해도 자신의 마음에 무지한 사람이라면, 그는 행복에 실패할 수 있습니다. 돈, 명예, 인간관계만으로는 행복에 성공하기 어렵다는 것을 이미 많은 이들이 경험으로 증명했답니다.

이미 존재하는, 가지고 있는 행복을 발견하십시오.

리액션

리액션은 굉장히 중요합니다. 그것은 세상에 대한 나의 반응입니다. 유전적인 것은 이미 지나간 것이기에 바꿀 수 없고, 돈과 명예, 건강, 직업, 성취 등은 내 마음대로 안 되지만 세상에 대한 나의 반응은 내가 바꿀 수 있답니다.

깨어 있음으로 당신의 리액션을 바꾸세요.

부정에서 긍정으로.

그 길에 행복이 있답니다.

세상에 대한 반응을 바꾸고 주인이 되시기 바랍니다.

무엇을 위해 사는가

사람은 행복해지기 위해 일합니다. 열심히 무엇인가를 끝없이 합니다.

그러다가 잊어버립니다. 내가 왜 지금 이것을 하고 있는지를. 본래의 목표는 잊어버린 채, 해야만 하는 일들에 둘러싸여, 그저 바쁘게만 살아갑니다. 남들이 다 그렇게 사니깐.

더 시간이 지나면 무엇이 잘못된 것인지조차 구분하지 못할 만큼 완벽하게 타성에 물들게 됩니다.

당신은 무엇을 위해 사나요?

사랑의 이미테이션, 집착

사랑을 주면 내 마음은 편안합니다.

사랑의 이미테이션인 집착을 주면 내 마음은 아픕니다.

나를 미워하던 그도 내 사랑을 받으면 변합니다. 사랑 받은 이상으로 내게 사랑을 돌려줍니다.

사랑의 이미테이션인 집착을 받으면 그의 마음이 고통스럽습니다. 몸이든 마음이든 결국 도망가버립니다.

집착으로 그를 옭아매지 마세요.

그를 내 곁에 두려면 사랑으로 안아주는 연습을 하세요.

자비와 복실이

함께 살고 있는 강아지 두 마리가 있습니다. 자비와 복실이. 뒷산으로 함께 산책을 가고는 하지요.

어느 날, 산에 고라니가 뛰어가는 것을 강아지들이 목격했습니다. 멍멍멍! 월월월! 부리나케 쫓아갑니다. 불러도 오지 않습니다. 박수를 쳐도 오지 않습니다. 고라니가 걱정됩니다.

'다치면 어쩌지……'

잠시 후, 내 눈앞으로 고라니가 나타났습니다.

'와~ 정말 예쁘게 생겼다!'

잠깐 생각하는 순간 쌩~ 순식간에 지나갑니다. 정말 엄청나게 빠릅니다. 강아지들은 한참 뒤에 헥헥 거리며 쫓아갑니다.

하하하. 괜한 걱정이었습니다. 정말 괜한 걱정.

우리는 많은 걱정을 하며 살아갑니다. 하지만 대부분이 괜한 걱정입니다. 강아지가 고라니를 잡을까 봐 걱정하는 것처럼, 내 착각 속 판단으로 걱정을 지레 합니다. 그저 착각입니다. 현실이 아닙니다. 벌어지지 않은 일입니다.

자비와 복실이를 볼 때마다 기억해야겠습니다.

Part 5

스케이트 탄
거북이

스케이트 탄 거북이

다른 사람이 뭐라고 말하든 상관하지 마세요. 멈추지 않고 끝까지 노력하면 그 분야의 전문가가 될 수 있어요.

내가 좋아하는 그것을 해보세요. 다른 사람한테 인정을 못 받아도 그만이에요. 시간이 쌓이고 쌓여 그 일에 익숙해지면 누구보다도 자신감이 생길 거예요.

거북이라고 해서 마라톤을 못 할 이유 없습니다. 주변의 시선에 짓눌려버리지만 않으면 자신의 갈 길을 묵묵히 가서 결승선에 도착하게 되어 있어요.

느려도 괜찮아요. 못해도 괜찮아요.

다른 사람이 뭐라 하든 괜찮아요.

자신이 좋아하는 일이라면 꾸준히 해보세요.

당신은 반드시 그 분야의 결승점에 도착할 거예요.

자기 마음의 총명함을 개발하는 명상 수행을 병행한다면 스케이트 탄 거북이가 될 수도 있을 거예요. 주변의 비난하는 토끼들을 초월할 수 있습니다. 파이팅!

마음이 불편해요

"남자친구가 처음처럼 잘해주지 않아서 마음이 불편해요."

"아, 요즘 남자친구가 사랑을 좀 부족하게 주는구나?"

"네."

마음이 조금이라도 불편하면 왜 그럴까, 원인을 찾아내야 합니다. 무엇 때문인지 찾다 보면 그 대상과 만나는 내 마음을 발견하게 돼요. 대부분은 내 마음의 욕심이 그 대상과 맞닿아 있습니다.

마음이 불편한 것을 인정했습니다. 남자친구 때문이라는 것도 찾아냈지요. 하지만 자신의 기대, 욕심과 맞닿아 있다는 것은 아직 몰라요. 여기까지는 찾아내야 문제의 해결 가능성이 열립니다. 남은 내 마음대로 안 되지만 나는 내가 노력하면 바꿀 수 있으니까요. 자신이 아픈지조차 모른다면 무지한 것이고, 아픈 것은 알지만 남 탓만 하는 것은 유아적인 발상입니다. 해결도 안 되죠. 남 탓만 하는 내 기준을 찾아냈다면 문제 해결의 실마리를 찾은 거예요.

두 눈 번쩍 뜨고 원인을 찾아내서 우리 불편한 마음을 좀 해결해 보죠.

대화가 필요해

사람은 다 달라요. 누구는 세모, 누구는 네모. 다른 사람들이 함께하니 부딪힙니다. 세모와 네모가 함께 살려면 대화를 해야 합니다.

대화하는 모습을 지켜보면 재미있을 때가 있습니다. 분명히 한 공간에 앉아 이야기하는데 '대화'를 가장한 자기만의 '독백'을 하는 경우가 많습니다. 다른 사람이 무슨 말을 하든 나는 내가 하고 싶은 말을 준비해서 합니다.

내가 말하고 싶은 주제가 있어도 좀 참고, 상대방이 원하는 주제를 들어주고, 함께 나눠보는 것은 어떨까요? 물론 입이 근질근질하겠지만요.

세상 사람 모두가 서로 달라요. 다른 사람들끼리 화합해서 잘 살기 위해서 내 고집에서 한 걸음 뒤로 물러나 대화를 해보는 건 어떨까요?

정말 못 봐주겠어

마음에 안 드는 그 사람 때문에 불편한가요? 있는 그대로 인정해주려니 정말 못 봐주겠나요? 다른 사람을 인정하지 못하는 사람은 자신을 스스로 인정하지 못하는 사람입니다.

내가 아니라 남을 인정하지 못하는 거라고요? 자기 자신에게 세운 벽이 다른 사람에게도 그대로 적용되는 것뿐입니다. 자신과 타인을 인정하지 못하는 사람은 행복에서 멀어집니다. 자신의 가치를 있는 그대로 인정해주세요.

나는 존귀한 존재입니다.

나는 사랑받아 마땅한 존재입니다.

나는 존경받아 마땅한 존재입니다.

이 또한 지나갈 거야

화는 속이 좁아졌을 때 더 잘 일어납니다. 마치 좁은 공간에 쪼그리고 앉아 있는데, 누군가 나를 건드리는 것과 같습니다.

폭발하죠. 불똥이 튄 겁니다.

분노와 질투, 탐욕 등을 다스리는 주인이 되고자 한다면 먼저 큰 그림을 그릴 줄 알아야 합니다. 넓게, 더 넓게 보는 것입니다.

"누구에게나 일어나는 일이야."

"이 또한 지나갈 거야!"

이렇게 자신에게 말을 거세요. 넓어지세요. 소중한 사람들을 품에 충분히 안을 만큼이요.

점차 넓어져서 이 우주를 품에 안으시길.

그냥 인정하세요

세상의 모든 일에는 이유가 있습니다. 억울하다고 하는 그 사건 속에도 분명히 이유가 있습니다. 남들이 나에게 해코지한 이유가 분명히 있습니다. 그러니 그냥 인정하세요. 자신에게 주어진 그 상황을 그냥 인정하세요. 과거는 어차피 바꾸지 못합니다. 지금 없으니까요. 환상을 붙잡고 아무리 씨름을 해도 잡을 삳바조차 없어요. 그냥 나를 스스로 괴롭히는 것일 뿐. 그냥 당당히 인정하세요.

"그래, 나 실패했다! 나 창피 당했다! 나 바보처럼 울었다!"

세상을 향해서 소리치세요. 쿨하게 인정하고 그 산을 훌쩍 넘어서 버리세요. 그러면 새로운 현재, 빛으로 충만한 현재와 만날 수 있습니다.

만날 준비되셨나요?

관성의 법칙

관성의 법칙은 변하기 싫어하는 성질입니다.

사람이 변하기 싫어하면 큰 문제가 발생합니다. 직장 상사 앞에서도, 친구 앞에서도, 부인 앞에서도 자신이 좋아하는 아빠 역할만 고집하는 것이죠.

부하 직원으로, 친구로, 남편으로, 아빠로 수시로 역할을 바꾸어야 합니다. 변하지 못함은 경직됨입니다. 오직 자기 익숙함을 고집하는 것이죠. 자유자재로 유연해집시다.

몸이 굳은 것 같나요? 마음이 경직돼 있어서 몸이 굳은 건 아닌지 살펴보세요. 들켰다고 부끄러워하진 말고요.

똥 덩어리

내 의견을 고집하려고 하면 힘이 듭니다. 세상에는 정말로 다양한 의견이 존재합니다. 그 의견들을 접할 때마다 마음이 흔들립니다. 내 소중한 의견을 지켜내기 위해서는 사시나무 떠는 듯한 불안함을 항상 겪어내야 합니다. 나를 불안하게 하니 얼마나 힘들겠어요.

등산하다가 배낭을 주워 소중하게 짊어지고 올라갑니다. 산 중턱에서 배낭이 무거워서 열어봤더니 냄새나고 무거운 똥 덩어리가 가득 들어 있네요. 그동안 소중하다고 여겼기 때문에 끝까지 들고 올라가야 할까요? 아님 그 자리에서 이 똥 덩어리를 던져버려야 할까요?

지금까지 내가 소중히 여긴 고집은 나를 힘들게 만든 똥 덩어리일 뿐입니다.

인생이라는 등산. 그 냄새 나는 고집을 끝까지 짊어지고 힘들게 가실 건가요? 던져버리고 가뿐하게 즐거운 마음으로 가실 건가요?

감정이 어떤가요?

지금 감정이 어떤가요?

그냥 그런가요?

그냥 좋은가요?

그냥 나쁜가요?

이런 단순한 표현이 아니고, 좀 더 자세하게 자신의 감정을 보여줄 수 있을까요?

다시 해보죠.

당신의 지금 감정은 어떤가요?

두 줄로 표현해보세요.

감정에 무지하면 그 감정이 심장에서 썩어 비틀어집니다. 그래서 꼬인 사람이 되죠. 사랑을 주려고 하면 도망가는 사람, 별일 아닌 일에 예민한 사람, 화가 날 때 웃고, 기쁠 때 화내는 사람 등.

자신의 감정을 솔직하게 직면할 수 있는 사람이 건강한 사람이고, 정상적인 사람입니다. 건강한 사람 주변에는 웃을 일이 많습니다. 그러니 건강한 사람의 인간관계가 건강하겠죠?

엄마, 너무 힘들어요

욕망은 사람 눈을 멀게 합니다. 객관적인 시선을 갖지 못하도록 만들죠.

엄마는 등산을 참 좋아합니다. 그래서 딸을 억지로 데리고 등산을 하러 갔습니다. 딸은 너무 힘들고 올라가기 싫었지만, 엄마를 실망시키고 싶지 않아 정말 힘들게 산에 올라가고 있었습니다.

엄마는 속으로 생각했습니다.

'오기 싫다더니, 잘만 오네. 힘들다는 것도 아마 엄살이겠지?'

억지로 힘들게 산에 오르던 딸이 산 중턱에서 넘어져버렸습니다. 발목을 접질렸습니다. 딸은 너무 짜증 나고 힘들어서 속으로 생각합니다.

'너무 아프고 짜증 나! 억지로 시키니까 너무 힘들어!'

결국 엄마에게 말합니다.

"엄마, 나 너무 힘들어요. 아파요. 내려가고 싶어요."

"여기까지 올라왔는데, 왜 그래! 엄살 그만 피우고 조금만 더 가자. 곧 정상이야."

딸을 억지로 끌고 올라갑니다. 딸이 다친 다리를 끌며 올라가다 그만 다리가 부러졌습니다.

"엄마, 나 죽을 것 같아요. 내려가고 싶어요."

울면서 애원해보지만, 엄마는 말합니다.

"이제 정말 10분만 더 가면 정상이야! 내가 도와줄 테니까 올라가자!"

욕망은 사람의 눈을 멀게 합니다. 상황을 정말로 객관적으로 살피지 못하게 합니다.

난 부족해

자존감을 높이기 위해 무엇인가를 더하려는 노력은 공허함을 더합니다. 이 노력의 근간에는 '난 부족해'라는 생각이 깔려 있으니까요.

우리는 이미 충분합니다. 하지만 과거의 치유되지 않은 상처가 자신을 깔보고 힘들게 만들죠. 상처를 치유하면 이미 충분한 나 자신을 올바로 볼 수 있습니다. 우리는 이미 자존감이 높아도 될 만큼 훌륭한 존재니까요.

당신 그 자체가 이미 기적입니다.

당신 그 자체가 이미 존귀합니다.

당신 그 자체가 이미 멋지게 빛납니다.

무장해제

선물, 시간, 돈, 칭찬 등 무엇이든 줄 때는 나를 오픈해야만 합니다. 두려워서 꽁꽁 감싸고 있는 내 보호막을 해제하지 못하면 제대로 베풀지 못하거든요. 우리는 두려워하는 문화에 익숙해져서 자신을 두꺼운 보호막으로 감싸고 있죠.

스스로도 참 답답하고, 사람과 사람 사이는 단절됩니다. 모든 관계 속에 천편일률적인 벽이 생겨버리는 것이죠. 그럼 가슴에 온기가 돌지 않아요. 사람과 사람이 공감할 수 있는 그 순간, 가슴 뜨거워지는 그 경험을 하지 못하게 됩니다.

베풂은 나를 보호하는 벽을 무너뜨립니다.

마음 운동

팔에 알통이 생기려면 근육 만드는 운동을 해야 합니다. 한두 번 연습으로는 근육이 만들어지지 않아요. 알통이 생길 때까지 운동을 해야 합니다. 알통이 생긴 후에도 지속적으로 운동을 해야 근육이 사라지지 않습니다. 마찬가지로 마음 조절을 잘하려면 마음 근육 만드는 운동을 해야 합니다.

마음 운동에는 명상이 필수랍니다. 한두 번 연습으로는 근육이 만들어지지 않아요. 처음엔 잘 안 되는 게 당연한 거예요. 꾸준히 하는 것이 중요합니다. 우리 마음에도 운동을 시켜주세요.

깨어 있음의 비결

여행 중의 여행 가방은 큰 짐처럼 느껴집니다. 힘들수록 더욱 무겁게 느껴지고, 버리고 싶어지죠. 하지만 가장 중요한 순간에 빛을 발하는 것이 이 여행 가방입니다.

챗바퀴 같은 반복된 일상이 지겹고 힘들 수 있습니다. 의미 없어 보이기도 합니다. 하지만 누군가는 똑같은 일상을 빛나게 살아갑니다.

이것은 삶의 종류에 차이가 있는 것이 아니라 마음의 깨어 있음의 차이입니다. 깨어 있는 사람은 눈빛이 반짝입니다. 똑같은 일을 해도 즐겁게 하고 또한 성공적입니다. 그에게는 삶의 일상 하나 하나가 기적과도 같이 경험되죠. 멋져요. 멋진 삶입니다.

삶의 여행에서 여행 가방을 버릴 순 없어요. 어차피 버리지 못할 거라면 일상을 살려냅시다. 깨어 있음으로.

깨어 있음의 비결은 '명상'입니다. 일상을 새롭고 빛나게 하는 명상, 한번 해보고 싶지 않나요?

청정한 나

우울, 짜증, 분노, 슬픔……. 그것은 그것이고, 오염되지 않은 행복한 나는 그대로 있습니다. 불쑥 올라왔다 지나가는 감정일 뿐입니다. 그냥 지나가지요. 내가 붙들고 늘어지지 않는다면 말이죠.

감정은 감정이고, 행복한 나는 행복한 나로 분리하는 연습을 해보세요. 그러면 점점 객관적으로 상황을 바라보는 힘이 생깁니다. 감정에 더 이상 이끌려 다니지 않을 수 있어요.

"부정적인 감정에 휩싸인 내가 있구나. 그 모습을 바라보는 청정한 나도 있구나."

길상吉祥이로구나

고통=통증+스트레스.

통증은 심어진 씨앗이기에 피할 수 없습니다. 하지만 스트레스는 마음의 작용이기에 조절이 가능합니다. 아무리 추워도 자발적으로 그것을 즐기면 추억이 됩니다. 아무리 어려운 상황도 인내하기로 마음먹고 덤벼들면 견딜 만합니다. 오히려 큰 깨달음을 얻을 기회가 됩니다. 아무리 큰 시련이라도 내게 주어졌다는 것은 이겨낼 수 있는 힘이 있다는 것입니다.

마음을 어지럽히는 상황이 일어날 때마다 '길상吉祥이로구나!'라고 생각하는 연습을 해보세요.

친절

얼마나 많은 친구를 만드느냐 만큼 중요한 것이 적을 얼마나 적게 가지느냐입니다.

칭찬으로 이루어진 내 명예가 비난과 모함 한 번에 무너져 내립니다. 적이 많은 성공은 활화산 위에 지어진 오두막입니다.

스스로 다짐하세요.

'친절하자. 친절하자. 오늘도 친절하자. 이 순간 친절하자.'

이 주문이 적을 친구로 변화시키는 마법과도 같은 연금술을 당신에게 선사할 것입니다.

보리심菩提心

항상 시작은 거창합니다. 열정적이고 즐겁답니다. 하지만 열정은 식죠. 그렇게 열렬했던 사랑조차 식어버리는데, 무엇이 세월을 이기겠습니까?

지속 가능한 목표를 가지세요. 돈이나 명예, 사랑 같은 조건의 목표가 아닌, 나도 그리고 너도 행복할 수 있는 그런 목표를 가져보세요.

불교에서는 그런 삶의 목표를 '보리심'이라고 한답니다. 내가 궁극의 행복을 얻고 일체중생을 궁극의 행복으로 이끈다는 것이죠. 끝없이 추구할 수 있으며, 그 과정 자체가 행복의 성취인 그런 목표. 보리심.

실패라는 휴게소

나를 가장 크게, 많이 비난하는 자는 누구인가요? 나예요! 누가 감히 내 일에 실패다 아니다 말할 권리가 있나요? 내가 정하는 것입니다. 내가 정하는 거예요. 내가 주인입니다. 내가 포기한 거죠.

실패는 허구입니다. 실패는 쉬어가는 곳입니다. 새롭게 배울 것이 있을 뿐이요, 아직 익숙지 않은 것입니다. 그런데 누가! 실패라고 말하나요? 친구가? 동료가? 선생님이? 그 사람들이 어떤 권리로? 무엇을 보고? 어떻게 알고? 그 말들은 그냥 말일 뿐입니다. 신경 쓰지 마세요.

스스로 포기하지만 않는다면 목표를 위해 가고 있는 여정일 뿐입니다. 부산으로 가는 길에 길을 잘못 들었다고 해서 평양으로 가는 것은 아니란 말이죠. 하룻밤 쉬어간다고 해서 실패한 것은 아니에요. 부산 가기로 한 것을 잊지 않고, 가지 않기로 결정하지 않는다면 계속 부산으로 가고 있는 거예요.

그러니까 휘둘리지 마세요. 다 바보 같은 헛소리예요. 자신이 가치 있다고 판단했고, 그 일에 가슴이 뛰며 즐겁고 행복하다면, 절대 포기하지 마세요. 바보 같은 '말'들에 놀아나지 마세요. 당신은 실패하지 않았습니다.

1만 시간의 법칙

1만 시간의 법칙이 있죠. 무엇인가에 전문가가 되기 위한 시간입니다. 이상한 점이 있습니다. 우리는 이미 숨쉬기를 1만 시간 이상했고, 밥 먹기도 1만 시간 이상을 했습니다. 하지만 우린 훌륭한 미식가가 못 되었고, 명상가도 아닙니다. 뭐지? 거짓말인가요?

1만 시간을 보내는 것과 1만 시간을 투자하는 것은 차이가 있습니다. '자각'의 유무죠. 자각 없는 숨쉬기는 시간을 흘려버리고 있는 것이죠. 자각이 가득한 밥 먹기는 음식을 음미하는 것이고, 미각을 발달시킵니다. 열쇠는 자각이니, 1만 시간의 법칙은 자각과 함께할 때 온전해지는 것입니다.

인생의 기적은 노력이 차곡차곡 쌓여갈 때 이루어집니다. 공짜로 되는 것은 절대 아니죠. 한 분야의 전문가가 되기 위해 꾸준히 시간과 자각을 투자하세요. 시간을 밀도 높게 보내야만 정말로 전문가가 된답니다.

하루에 일정 시간 행복을 배우세요. 행복해지고 싶으시잖아요. 투자하셔야 해요. 매일매일 행복이 무엇인지, 어떻게 얻을 수 있는지, 당신의 자각과 시간을 투자하셔야 해요. 꾸준히 누적되는 시간과 자각을 쌓아간다면, 당신은 행복의 전문가가 될 수 있답니다.

인디언처럼, 스님처럼, 옛날 우리나라의 노인들처럼 주변 사람들의 선구자와 멘토가 되어 그들에게 지혜를 나누어주는 행복의 빛이 될 수 있답니다. 지금부터 쌓아가세요.

Part 6

마음은 어디에 있는가?
웃자!

마음은 어디 있는가?

오늘은 특별히 다른 스님이 교육하는 모습을 참관했습니다. 유연하게 잘하십니다. 교육생들과 함께 즐거워하고, 공감하다가 문득 내 마음을 봤습니다.

'내 마음은 어디 있는가?'

마음 밑바닥에서 생각 방울들이 부글부글 올라오고 있습니다. 작은 모래알을 관찰하듯 자세히 살펴보니…….

찾았다! 그 마음의 정체는 바로 질투였습니다. 부끄럽다는 생각이 꼬리를 물고 일어납니다.

'이런 일에 질투하다니! 출가하고 달라진 것이 무엇일까?'

이런 어처구니없는 억지 논리가 내 마음의 한편에서 일어납니다. 어떻게 마음이 변화하는지 살펴봤습니다.

'내 마음은 어디 있는가?'

마음속 부처님께서 알려주십니다.

'마음을 살피는 그 습관이 달라졌구나!'

이 여의보주 같은 습관이 삶을 행복으로 변화시킬 것입니다.

번뇌가 일어난다고 하여 죄책감에 빠지지 마세요. 그것은 과거에 뿌린 씨앗의 열매일 뿐, 당연히 내 것이 아닙니다. 번뇌에

잡아먹혀 허덕인다면 앞으로 점점 번뇌가 기승을 부리지 않을까
요?

지금 한번 살펴보세요.

'내 마음은 어디 있는가?'

웃자. 웃자. 웃자

사람마다 자신이 살아가는 세상의 크기가 있습니다. 그리고 이 크기는 상황에 따라 끊임없이 변합니다. 마치 풍선이 빵빵해졌다가 바람이 빠지기를 반복하듯.

사람이 여유로우면 그가 바라보는 세상이 커집니다. 하지만 여유가 사라지고 그 자리에 긴장과 두려움이 들어서는 순간, 세상은 풍선 쪼그라들듯 작아지기 시작합니다.

나라고 생각하는 그놈보다도 세상이 작아지기 시작할 때, 우리는 심한 압박을 받습니다. 그래서 작은 일에도 화를 내고, 호의를 받아도 짜증을 부립니다. 여유로울 때는 손톱만큼 작았던 문제가 내가 쪼그라들어버리니 엄청나게 큰 문제로 보입니다. 왜? 내가 손톱보다도 더 작아졌으니까요.

이 상황에서 반전을 주는 방법은 생각보다 쉽습니다. 거울을 바라보고 웃어버리는 거예요, 억지로라도.

마음속에서 분노와 짜증, 울분이 치솟아 오릅니다. 울분이 치솟을 때, 그때 웃어넘기면 이제 이러고 있는 내가 어처구니가 없어집니다. 작은 문제에 사로잡혀 손톱을 태산처럼 바라보고 있던 자신이 우스꽝스러워지죠. 그래서 정말로 웃게 됩니다.

웃음은 육체적으로 정체되고 막혀 있어 썩어가는 에너지를 뚫어주고, 정신적으로 내가 놓은 덫에 갇혀 잔뜩 움츠리고 있는 내 마음을 단박에 풀어내 주는 역할을 합니다.

웃자, 자유롭고 싶다면.

웃자, 멋져지고 싶다면.

웃자, 평화롭고 싶다면.

웃자. 웃자. 웃자.

오! 주여

교육 중 일어난 일입니다. 항상 하듯 명상을 하자고 이야기했습니다. 그때 어디선가 "오! 주여!"하는 소리가 들렸습니다. 순간 당황했습니다.

명상은 마음의 근육을 계발하는 마음 운동입니다. 이 마음 운동을 통해 우리는 자신의 본성을 발견할 수 있고, 주님께, 부처님께 온전히 헌신할 수 있게 됩니다. 그리고 행복을 찾을 수 있습니다.

"주님을 더욱 잘 믿기 위해 우리 명상하자."

이렇게 말하니 그제야 납득하는 것 같았습니다.

혹시 나도 성경에 반감을 가지고 있는 건 아닌지 점검해봐야겠습니다.

경고 메시지

너무 달리기만 하면 몸이 견디질 못합니다. 그래서 결국 병이 나죠. 몸에 병이 나면 누워서 쉬잖아요? 그런데 마음에 병이 날 때는 억지로 마음을 움직입니다. 마음을 쉬어주는 방법을 우린 배운 적이 없으니까요.

병이 난다는 것은 몸과 마음이 들려주는 경고 메시지입니다. 몸과 마음이 내게 해주는 이야기들을 잘 관찰하고 그 이야기도 들어주어야 합니다.

몸과 마음으로 끝없이 달리기만 하지 말고 잠시 멈춰보세요. 두려워하지 마세요. 마음과 몸에 힘을 채우면 더 멋지게 달릴 수 있을 테니까요.

예수님

우리 부대는 군종부가 특별히 화합을 잘합니다. 목사님, 신부님들과 곧잘 식사도 합니다. 특히 3개 종파가 함께 교관 지원을 하는 경우에는 같이 족구도 하고, 목욕도 갑니다. 야간에는 야식으로 뱃살도 함께 늘리는 그런 사이입니다.

어느 날 교육 중에 벌어진 일입니다. 한 교육생이 정말 궁금한 표정으로 묻습니다.

"스님, 왜 스님들이 말끝에 예수님을 부르나요?"

무슨 말일까? 잠시 고민했습니다. 목사님들하고 친하게 지내니까 저런 이야기를 하는가 싶었습니다.

"사단 법사 스님하고 말씀하실 때, 자꾸 예수님이라고 하시던데요?"

무슨 말일까? 정말 모르겠습니다.

잠시 후, 나는 배를 잡고 쓰러졌습니다. 하하하~! 넘어져서 한참을 웃었습니다. 그 교육생이 궁금해했던 예수님의 정체는 '예! 스님!'이었습니다. 빨리 말하니 예수님처럼 들렸나 봅니다.

설명을 잠시 해주면서 이 상황을 곱씹어 살펴보았습니다. 아무 생각 없이 하던 말이 다른 사람에게는 이처럼 들렸다는 사실이 묘

합니다.

다시 생각해봅니다. 이런 방식으로 나는 얼마나 많은 사람에게 오해를 주고받았을까요. 갑자기 그 모든 얽힘이 두려워졌습니다.

'알게 모르게 지은 악업을 참회합니다.'

만나는 모든 인연을 소중히 여기고 존중해야겠습니다. 꼭 그래 야겠습니다.

세상이 불공평한가요?

사람은 마음의 창을 통해 세상을 봅니다. 마음이라는 방에 여러 종류의 창이 있다고 상상해 보세요. 질투, 분노, 수치, 기쁨, 평화……. 어떤 창으로 세상을 볼지는 각자의 '선택'에 달려 있습니다. 그리고 그 선택이 세상을 '해석의 색깔'로 물들이죠.

세상이 불공평한가요? 불공평의 창을 선택하셨군요. 세상이 즐거운가요? 즐거움의 창을 선택하셨군요. 인간이 만물의 영장인 이유는 바로 이 선택권에 있습니다. 이웃 종교에서는 자유의지라고도 하더군요. 인간에게 존재하는 신성神性, 불성佛性의 특징 중의 하나가 이 '선택'입니다. 세상을 어떻게 바라볼지는 당신의 선택입니다.

세상을 바꾸려면 당신의 눈을 바꾸세요. 마음을, 창을 바꾸세요. 그리고 선택하세요. 그럼 온 세상이 변합니다. 어제는 별로였던 소나무가 오늘은 예술처럼 보이는 것처럼.

세상이 바뀔 거예요.

천진함

어떤 상황, 어느 장소에 던져져도 기뻐하고 즐기는 것이 천진함입니다. 천진함이 있으면 어떤 일이든 성공할 수 있지 않을까요? 실패라는 것을 모르니 성공할 때까지 계속 즐길 수 있으니까요!

천진난만하게 한번 웃어보세요.

어색해도 괜찮아요. 혼자인데 어때요.

유머

유머는 지혜입니다. 왜? 지혜가 없는 어리석은 집착의 상태에서는 유머가 나오지 않습니다.

잘난 내 의견, 내 이미지를 포기할 때 유머는 가능합니다. 그러니 이것은 공성空性의 지혜입니다. 객관화 과정이지요.

마음이 고통으로 가득 차 보일 때, 유머를 활용해보세요.

정말 힘들게 유머를 사용하면 나를 옥죄고 있던 좁아진 세계가 펑! 터져나가는 것을 느낄 수 있습니다. 그러고는 다시 여유로워져요.

지금=선물

'지금'은 영어로 Present입니다. 선물이죠.

당신에게 지금은 선물인가요?

또, 당신의 지금은 누군가에게 선물일까요?

사람들은 하고 싶어 하는 일을 나중으로 미루는 경향이 있습니다. 사랑하는 사람과의 여행, 가족과 시간을 보내는 것, 부모님을 찾아뵙는 것, 내 꿈을 좇는 것도 모두 나중에 한다고 합니다.

지금 시작하지 않으면 나중은 없습니다. 지금 당신에게 주어진 그 선물을 가치 있게 사용하세요. 주어진 선물을 사랑하세요. 지금 만나는 사람마다 사랑의 선물을 전하세요.

한판 승부

나를 속박하는 것은 나 자신입니다. 과거의 나는 내가 선택해서 만든 것이니까요. 아무리 바깥을 원망해도 변하는 것은 없습니다. 그냥 더 강력한 과거의 내가 끊임없이 만들어질 뿐.

자유로워지고 싶은가요? 그렇다면 여기저기 흩어져 있는 당신의 주의를 마음으로 돌려놓으시길 권합니다. 그리고 자신과 한판 승부를 가려보세요.

보이는 나와 바라보는 나의 대결.

과거의 나와 현재의 나의 대결.

이 흥미진진한 승부가 당신을 자유롭게 할 것입니다.

금 밟았다

스님들과 낙엽 구경을 하러 가는 길이었습니다. 스님들은 차에 타면 말을 안 하니 재미가 없어요. 조용한 가운데서 드라이브는 계속되었습니다. 열심히 차가 달리다가 빨간불에 걸렸습니다. 끼~익! 멈춰 섰습니다.

그때 뒷좌석에 앉아 계시던 스님이 한마디 툭 던지셨습니다.

"금 밟았다."

"네?"

운전하시던 스님이 보니 안 밟았습니다.

"안 밟았는데요?"

"금 밟았다!"

운전하시던 스님이 창문을 열고 고개를 밖으로 내밀어 살펴 보니 정말 안 밟았습니다.

"안 밟았어요!"

"아니! 저기 금발 봤다고~."

차 안이 뒤집어졌습니다. 금발의 외국인이 저쪽 길에 걸어가고 있는 것입니다. 금발 머리를 봤다고 하신 거였어요.

소리에 의지하면 뜻 전달이 잘 안 됩니다. 마음을 들어야 합니다. 목으로 하는 대화가 아닌 가슴으로 하는 대화. 사과를 배라고 하더라도 사과로 들립니다.

용서합니다

어렸을 적 부친과 사이가 안 좋았습니다. 매일 밤, 술에 취하신 부친의 주정을 들어야 했기 때문입니다. 부친이 모친에게 폭력을 휘두르는 모습을 보며 '난 절대 아버지처럼 살지 않겠어!'라고 다짐했습니다.

고등학교 3학년 수능을 100일 정도 앞둔 때였습니다. 그날도 역시 부친과 모친은 격렬히 싸우셨죠. 그날은 내 앞에서 싸우셨습니다. 내 마음 깊은 곳에서 분노가 솟아오르기 시작했습니다. 주먹을 꽉! 쥐었고, 나도 모르게 휘둘렀습니다. 내 주먹이 부친을 향해 날아가는데 번뜩! 이성이 돌아왔습니다.

내 주먹은 부친 얼굴 옆의 벽을 향했습니다.

'정말 다행이다.'

그런데 문득 마음에서 이런 생각이 났습니다.

'지금 네가 하는 짓이 아버지와 똑같잖아!'

진절머리 나는 그 모습을 내가 그대로 따라 하고 있는 상황이 너무나 큰 충격이었습니다. 영혼이 흔들리는 듯한 충격이었죠. 그날로 가출을 했습니다. 물론 그해 수능은 망쳤죠.

대학교에 다니다 휴학하고 출가를 했습니다. 그 뒤로도 몇 년간은 부친이 참 싫었습니다.

템플스테이를 지도하던 어느 날, 부친이 진심으로 이해되기 시작했습니다. 아버지도 그냥 사랑받고 싶어 하는 한 사람이었다는 것을. 사랑을 주는 방식이 서툰 아이 같은 분이라는 것을. 내게 했던 헌신과 사랑, 온 삶을 바친 희생이 보이기 시작했습니다.

그 뒤로 부친과 사이가 많이 좋아졌습니다. 부친은 이제 공식적인 신도로서 활동을 하고 계십니다. 법회를 멀리 가면 운전도 해주시고, 법당에 어려운 일이 있을 때마다 맥가이버처럼 나타나십니다. 오늘도 법당에 일 도와주러 오셨을 때 페이스북 친구들께 조언 받아 고른 옷을 선물해 드렸더니 해맑게 웃으시네요.

세상에 이해 못 할 일은 없습니다.

세상에 용서 못 할 일도 없습니다.

아무리 오래, 두껍게 쌓인 원한도 이해하고 인정하면 변화가 시작됩니다.

사랑하세요. 시간이 많지 않습니다.

이해하세요. 소중한 인연이잖아요.

사랑의 투자

사랑하는 관계를 맺는다는 것은 그 사람에게 내 시간과 힘, 그리고 돈과 마음을 투자한다는 것입니다. 이 실질적인 투자가 없다면 사랑하는 것이 아니라 사랑하고 싶은 거예요.

사랑하고 싶은 이 마음은 꼭 본전 생각이 납니다. 그럼 내 이익을 챙기기 위해 이기적인 행동들이 시작되죠. 만약 이런 관계를 맺는다면 인생 공부에 도움이 안 돼요.

사랑하면 참 많은 것을 배울 수 있습니다. 눈앞의 그 사람이 내 마음의 거울이 되어주거든요. 그 사람을 바라보며 내 마음의 밝음도 보고, 수치스럽고 숨기고 싶은 어두움도 볼 수 있게 되죠.

이렇게 되기 위해서는 진솔한 소통이 기본입니다. 소통을 위해서는 '이기심'이라는 벽을 치워야 해요. 벽이 가로막고 있으면 서로의 마음이 만나 손잡지 못합니다.

우리 벽을 허물고 사랑하면서 살아요. 많이 사랑하세요.

내가 바라보는 세상

사람들은 눈 위에 항상 무엇인가를 씌우고 다닙니다. '그것'이 바라보는 세상을 해석해줍니다. 있는 그대로가 아닌 해석된 세상이 당신이 바라보는 세상입니다. 이것은 우상愚相이고 아상我相입니다.

기분 좋은 날은 세상이 아름답고, 기분 나쁜 날은 세상이 암담합니다. '그것'이 달라지니 세상이 달라집니다.

당신이 어떤 선택을 하든 이루어집니다. 당신이 보는 세상이 당신의 미래입니다. 어떤 세상을 바라보실 건가요? 어떤 세상을 자녀에게, 후손에게 대물림해주실 건가요?

네 탓? 내 탓!

세상의 잘못은 모두 '네 탓'이라고 말하지만, 진실은 본래 '내 탓!'입니다.

모든 경험은 내 마음을 거쳐서 출력되기 때문에 있는 그대로의 진실이 아닙니다. 내 마음으로 세상을 오염시키고 있는 것입니다. 혼자서 좋다, 나쁘다, 원수다, 즐겁다, 길다, 짧다, 수치스럽다……. 북치고 장구 치는 것입니다.

다른 사람들은 내 마음대로 바꿀 수 없는 거, 아시죠? 아들, 딸도 열 살 넘으면 말을 안 듣습니다. 하물며 다른 사람들을 어떻게 바꾸겠습니까. 그냥 내 마음을 바꾸세요. 가장 확실하고 효율적인 방법입니다.

세상 사람들이 모두 '네 탓!'으로 고통스러울 때, 모든 성인이 말씀하시는 '내 탓!'을 연습해서 고통의 흐름에서 벗어나 보는 것은 어떨까요?

같은 곳 다른 마을

한 청년이 이사 가는 길이었습니다. 마을 입구에 할머니 한 분이 앉아 계셔서 물었습니다.

"할머니, 이 마을은 살기 어떤가요?"

"전에 살던 마을은 어땠는가?"

"참, 말도 마세요! 눈 감으면 코 베가는 곳이었어요. 사기꾼, 게으름뱅이만 있어서 떠나오길 정말 잘했다는 생각이 듭니다."

"이 마을도 똑같다네."

다음날 또 한 청년이 같은 마을로 이사 오고 있었습니다. 역시나 마을 입구의 할머니에게 묻습니다.

"할머니, 이 마을은 살기 어떤가요?"

"전에 살던 마을은 어땠는가?"

"정말 좋은 곳이었어요. 정직하고, 상냥하고, 진정한 우정을 나눴기에 떠나오기 너무나 아쉬웠습니다."

"이 마을도 똑같다네."

순리의 흐름

"영원히 사랑할 거야!" 흔히 하는 약속입니다. 하지만 마음은 변하는 것이 속성이기에 이 약속은 깨지곤 합니다. 좋은 것, 싫은 것 예외 없이 마음은 변합니다.

혹시 영원한 것을 정말로 원하시나요? 영원한 것은 변하지 않는다는 것입니다. 변하지 않는다는 것은 정말로 갑갑한 일입니다.

움직이는 것은 변하는 것이죠? 변하지 않으려면 움직이지 못하겠죠? 병에 걸린 이는 낫지 못하고, 가난한 이는 끝없이 가난하고, 아무것도 못 하는 상황이 변하지 않는 상황이요, 영원입니다.

우리가 흔히 사용하는 '무상하다'는 말에 대해 잘못 이해하는 경우가 많은데, 이것은 굉장히 역동적이고 희망적인 메시지입니다. 항상 변하기 때문에 불행한 사람이 행복하게, 가난한 사람이 부유하게, 아픈 사람이 건강하게 될 수 있는 것입니다.

모든 것이 변하는 것은 진리입니다. 그것을 인정하시고, 그 다이내믹함을 즐기소서. 세상이, 부처님이, 신께서 내게 주시는 이 다이나믹한 경험을 설레는 마음으로 기대하며 그 순리의 흐름에 몸을 맡기소서.

만물의 영장이라면

인간을 만물의 영장이라 부르죠? 하지만 인간만큼 추잡한 범죄를 저지르는 동물도 없답니다. 살인, 강간 등의 범죄를 듣다 보면 '어찌 인간이 만물의 영장이란 말인가?'하는 생각이 저절로 들기도 합니다.

인간이 만물의 영장일 수 있는 이유는 무한한 가능성에 있습니다. 모든 존재 중 인간의 의식은 최고로 유연하거든요. 가장 낮은 지옥 중생부터 성인에 이르기까지 고무줄 같은 유연성이 있죠. 뭐든 가능하기 때문에 인간은 만물의 영장입니다.

이렇게 정말로 얻기 어려운 인간의 가능성을 가지고 행복의 물이 안 나오는 우물만을 열심히 판다면 아주 큰 기회를 어리석게 놓치게 되는 것입니다.

자신의 종교 성향과 성격에 잘 맞는 가르침을 선택해서 멘토 멘티 관계를 맺고, 항상 자신의 행복을 위해 열심히 듣고, 깊게 사유해보고, 실천 수행하는 것. 이것이 만물의 영장다운 모습이랍니다. 어차피 우리는 행복해지고 싶어 하고, 행복은 올바른 노력으로만 얻어지는 것입니다. 고통을 즐기는 마조히스트masochist가 아니라면 만물의 영장으로서 당연히, 언젠가는 가야 할 길입니다.

이미 기적입니다

삶은 온통 기적입니다. 하지만 우리는 기적을 사람의 기준으로 정해놨습니다. 인간의 상식선에서 이해할 수 없는 일은 제한을 두고 있죠. 하지만 이 우주가 벌이고 있는 웅장한 오케스트라는 그 조화로움과 균형, 아름다움 그 자체가 이미 기적입니다. 다만 우리가 그 기적에 눈을 감고 있을 뿐이죠.

어렸을 적 우리는 기적을 항상 체험하며 살았답니다. 놀이터의 모래알이 아름다웠고, 그네가 롤러코스터였으며, 초코파이가 생크림 케이크였고, 과자 한 봉지면 세상을 다 가졌죠. 현재를 살았어요. 과거에 끌려다니지 않고, 미래를 두려워하지 않았어요.

지금, 이 순간 이 자리를 살아갈 때 우리는 모든 것, 모든 사건을 기적으로 경험할 수 있답니다. 우리는 많은 것을 이미 갖추고 있습니다. 부족한 게 없어요. 솔직히 넘치죠. 적어도 지금 이 글을 읽고 있는 분들은 우주가 주는 선물들을 과분할 정도로 받고 있는 것입니다.

하지만 부족하다고 느낍니다. 나타나는 결핍과 집착은 기적을 바라보지 못하게 내 눈을 덧씌우는 안경입니다. 이 안경을 쓰고 있는 한 우리는 행복한 기적들을 그저 아귀와도 같은 욕심으로 바라보게 될 거예요. 그러고는 내 집에서 길을 잃어버려 집을 찾아 헤매듯 기적 속에서 기적을 찾아 헤매죠.

이미 기적입니다. 이미 행복입니다. 안경만 벗으세요. 없는 것을 찾는 것도 아니고, 만들어내야 하는 것도 아닙니다. 그저 당신 눈 앞을 가리고 있는 안경을 벗는 아주 조금의 수고를 하시면 됩니다. 세상에 공짜는 없으니까요. 아주 조금의 노력이 필요합니다.

내 마음의 감기약

만나면 가슴이 뜨거워지는 난로같이 멋진 사람이 있습니다. 그는 내 마음의 감기약이죠. 내 마음의 기침을 멎게 하고, 감정의 오한을 그치게 합니다.

내가 그러하고 싶습니다. 만나는 이들에게 내가 마음의 감기약이 되고 싶습니다. 세상의 감기약이 되고 싶습니다.

렌터카

정말 타고 싶은 차가 있습니다. BMW! 제주도에 가서 차를 빌렸습니다. 3일간 그 차를 몰아봅니다. 마지막 날입니다. 내일이면 돌려줘야 합니다. 우리는 이럴 때 그 차에 집착합니까? 그저 빌린 것이요, 내 의지와 상관없이 돌려줘야 함을 안다면 우리는 많은 집착에서 자유로울 수 있습니다.

물은 흐르는 것이 본성이고 순리이기에, 모이고 고이면 썩게 됩니다. 나는 절대자가 아니고 이 우주의 한 부분일 뿐이기에 이 순리의 흐름과 함께해야 합니다. 내가 빌린 몸의 임대 기간이 다 되어서 몸을 떠나는 것일 뿐인데, 사람들은 그것을 죽음이라 이름하고 슬퍼하지요.

돈이든 명예이든 사랑이든 모든 것은 변합니다. 고정되어 있기 위해 애써 집착으로 붙잡아놓으면 썩어요. 나쁜 냄새가 난답니다. 흘려보내세요. 인정하세요. 이것이 순리임을. 당신은 그저 이 우주의 일부분을 빌려 쓰고 있는 것이랍니다.

알고 당해야 덜 놀라고 덜 아프죠? 당신이 좋아하고, 소중하다고 여기는 모든 것이 그저 흘러가는 것임을 명심하세요. 괜히 안되는 것 움켜쥐고 물을 썩게 하지 마세요. 주변의 모든 행복을 부식 시킨답니다.

우리 모두 우주로부터 빌린 모든 것을 소중히 잘 쓰고 다음 순번이 달라고 하면 쿨하게 웃으며 행복한 마음으로 보내줍시다!

Part 7

세상 바꾸기,
그동안 얼마나 힘들었니?

세상 바꾸기

불만 덩어리 이 세상을 뒤집어버릴 방법은 무엇일까?

세상을 바꾸는 방법은 생각보다 간단합니다. 세상 보는 눈을 바꾸면 됩니다.

당신이 경험하는 세상은 당신 과거의 마음 밭을 근거로 해서 해석된 결과물입니다. 그렇기에 오직 과거만을 보고 있는 것이죠.

마음 밭의 내용물을 선업으로 바꾸면 호의에 분노하던 사람이 감사함을 일으키고, 낯선 경험을 두려워하던 사람이 호기심을 일으키며, 실패를 못 견디던 사람이 힘써 딛고 일어날 수 있게 됩니다. 전쟁이 평화로, 미움이 사랑으로, 우울함이 즐거움으로, 수치심이 자신감으로, 그렇게 세상이 바뀝니다.

가장 좋은 친구는 당신 마음에 심어지는 선업 종자임을 기억하세요.

그동안 얼마나 힘들었니?

마음의 가면을 벗겨내는 순간, 우리는 내면의 아이와 만나게 됩니다. 많은 것이 두렵고, 그저 사랑받고 싶어 하는 어린아이. 사랑이라는 달달한 쿠키를 넉넉히 먹어 두려움이라는 허기를 면하면 아이는 어른이 됩니다.

내가 어른이어야 다른 아이를 보듬어줄 수 있습니다.

내 마음의 그 아이를 안아주세요.

그동안 얼마나 힘들었니?

내 마음의 그 아이에게 사랑을 주세요.

그동안 얼마나 힘들었니?

그 아이의 투정이 끝날 때까지 안아주세요.

그동안 얼마나 힘들었니?

존중

우리가 누군가를 존중한다는 것은 그 사람 꼴을 있는 그대로 인정해준다는 것입니다. 사람은 누구나 자신만의 개성이 있고, 그 개성이 소중합니다. 자신의 것을 소중히 여기는 것은 좋은 일이지만 자신의 것만 소중히 여기고 고집하는 것은 자신을 외롭고 공허하게 만듭니다. 관계를 깨뜨려 나를 홀로 존재하게 만들거든요.

내 것만을 존중하는 사람은 주변에 사람이 아무리 많아도 친구가 없게 됩니다. 그러니 인정해주세요. 그 사람 있는 그대로를 인정해주세요. 그것이 존중입니다.

나를 낮추는 것이 존중은 아닙니다. '원래 내가 그 사람보다 높은데, 좀 낮춰주지 뭐.' 이건 교만한 마음입니다. 그 사람이 키가 크든 작든, 얼굴이 잘생겼든 못생겼든, 돈이 있든 없든 상관없이 가치 판단하지 말고 있는 그대로를 인정해주는 것, 이것이 상생의 길이고 화합의 길입니다. 이것이 세상이 밝아지는 길이요, 당신의 인생을 행복하게 하는 길입니다. 당신의 아들, 딸을 훌륭히 키우는 길이고 당신의 어머니, 아버지에게 효를 다하는 길입니다. 우리 존중하고 살아요.

눈앞의 기회, 현재

"정말 좋은 일이라 하고는 싶지만, 지금 말고 다음에 할게요."

그 일을 하고 싶지 않다는 말입니다. 어려워서, 시간이 없어서, 능력이 안 돼서. 그래서 결론은 하고 싶지 않다는 것입니다.

"글 쓰는 것을 좋아한다니, 소설가가 되는 것은 어떠니?"

"네!"

이 사람은 소설가가 될 가능성이 열립니다.

"……아직은 안 돼요. 못해요."

이 사람은 소설가가 될 가능성이 닫혔습니다.

과거를 알고 싶다면 현재를 보면 됩니다.

미래를 알고 싶다면 역시 현재를 보면 됩니다.

지금 눈앞의 기회를 잡는 사람은 '미래'라는 이름의 지금에도 기회를 잡을 것입니다. 끝없는 지금, 지금, 지금. 자신이 하고픈 그 일을 놓치지 않게 될 거예요.

과거의 지금과 현재의 지금, 그리고 미래의 지금.

당신 눈앞에 단 한 번 있는 그 기회를 움켜잡으시길!

나의 적은 내 의심

인사이동 시기였습니다. 부대에서 독서 모임 〈행군스〉와 〈행복의 길〉 메일 발송 등의 프로젝트를 맡고 있었기에 이곳에 남고 싶었습니다. 교구에도 남겠다고 잔류 요청을 했습니다. 당연히 남겠거니 마음을 턱 놓고 있는데, 폭탄 같은 전화가 왔습니다.

"이동하셔야 합니다!"

항의했습니다. 그러다 번개처럼 한 생각이 머리를 스쳐 지나갔습니다.

'아, 병사들이 많이 오는 곳으로 가고 싶다.'

며칠 전 혼자 했던 이 생각이 순간 직감적으로 떠올랐습니다.

'범인은 너였구나⋯⋯.'

세상에는 에누리가 없습니다. 딱 원하는 만큼 이루어집니다. 부처님도 하나님도 알라신도 모든 소원을 들어주십니다. 경험상 나에게 이 사실은 더 이상 가설이 아닌 현실입니다.

꿈이 이루어질 확률=소원-의심

그러니 생각을 조심해야겠지만 그것보다는 생각을 적극적으로 활용해야겠습니다. 하고 싶은 것을 서원하고 결단코 의심하지 않으리라. 반드시 이루어지리라. 나의 적은 오직 내 의심뿐. 이 의심만 제어할 수 있다면? 무적無敵! 적이 없어진다는 사실을 믿거든요!

말랑한 뇌

어렸을 적 옥상에 올라가면 항상 생각했습니다. '우산을 들고 뛰어내리면 내가 날 수 있지 않을까?' 또 영웅 만화를 볼 때면 이런 생각도 했습니다. '내가 우주를 구할 숨겨진 영웅 아닐까?'

나이가 들면서 이런 생각들은 점점 사라졌습니다. 상식에 걸맞은 생각만 하게 됩니다. 말랑한 뇌가 굳어가는 것입니다. 굳어진 뇌에서는 창조적인 아이디어가 나오지 않습니다. 창조된 것을 활용하는 법을 그저 배울 뿐입니다.

창조적이고 싶은가요? 아이들의 말랑한 뇌를 배우세요. 그리고 그 말랑함의 기본은, '이게 왜?' '저건 왜?' 바로 끝없는 '왜?'입니다.

왜? 왜? 왜?

눈먼 불행

불행不幸은 고통과 통하는 말입니다. 이 세상은 고통이 참 많습니다. 물론 행복도 많은 세상이지만 행복만큼 고통도 많은 세상이랍니다. 고통은 피한다고 해서 피해지는 것이 아닙니다. 불행이라는 놈은 눈이 멀었기에 사람을 가리지 않고 찾아옵니다. 부자이든 가난한 자이든, 나이가 많든 적든, 착하든 나쁘든, 잘생겼든 못생겼든……. 완전 랜덤이랍니다.

그럼 이 불행들이 우연히 일어나는 것인가요? 사과나무에서는 사과가 열리듯 불행에도 씨앗이 있습니다. 다만 우리가 인지하는 범위를 벗어나 있을 뿐입니다.

우리는 전생을 왜 기억하지 못할까요? 실험 하나 해보겠습니다. 30초 전에 어떤 생각을 하셨나요? 40초 전에는? 50초 전에는? 3시간 전에는? 어제 오후 7시 27분에는……?

우리는 금방 내 마음에서 무슨 일이 일어났는지조차 망각하는 존재랍니다. 그러니 당연히 멀어진 과거는 기억을 못 할 수밖에요. 우리가 기억 못한다고 해서 상대방이 나에 대한 원한을 버리지는 않습니다. 내가 의도가 없다고 해서 나를 원수로 여기는 이가 나를 용서하지는 않아요. 모든 일에는 씨앗이 있습니다. 결코 우연이 아니에요.

행복해지고 싶다면 자신에게 집중하세요. 나에게 일어나는 '사건'들을 바꾸려고 하지 마세요. 그곳은 물이 안 나오는 우물입니다. 내가 그 '사건'들에 어떻게 '반응'할 것인가? 이것이 중요하답니다. 반응에 주목하세요. 반응이 바뀌면 운명이 움직입니다. 내 팔자는 왜 이럴까? 바꾸면 돼요. 불평하지 말고, 자신의 반응을 살피고 바꾸세요. 자신의 행복을 전공하는 사람들은 주변에 행복의 빛을 전한답니다. 주변 사람들이 당신에게 소중하다면, 눈먼 불행이 아닌 행복의 빛으로 녹여주세요.

다른 공부도 중요하지만, 자신을 연구하는 과학자가 돼보는 것은 어떨까요?

아버지가 부끄러워

우리 부친은 목수입니다. 초등학교를 입학하기 전에는 부친이 부끄럽지 않았습니다. 햇볕이 무던히도 뜨거운 날 일하시는 곳에 가면 4층, 5층 난간에서 일하시다 말고 웃으시며 내려와 내 손에 500원을 꼭 쥐여주셨던 기억이 있습니다. 난 그 500원이 좋아서 부친 일하는 곳에 자주 놀러 갔습니다.

학교에 들어가자 매년 부모님의 학력과 직업을 적어야 했습니다. 그렇게 비교 대상이 생기니 언젠가부터 부친이 부끄럽기 시작했습니다.

학교 앞에서 건물 짓는 일을 하신 적이 있습니다. 나는 그 길을 피해서 집으로 가곤 했습니다. 부끄러웠습니다.

그런데 어쩔 수 없이 친구와 함께 그 길을 지나가야 하는 일이 생겼습니다. 세상의 모든 부모님은 어디서든 자신의 자녀를 찾아내는 능력이 있나 봅니다. 부친은 금방 나를 발견했고, 불렀습니다.

"……."

못 들은 척, 나는 그냥 지나갔습니다.

노동은 고귀한 것입니다. 하지만 난 사회로부터 내 생각을 점점 제거당해 갔고, 사회가 주입하는 생각들에 물들어갔습니다. 그 결과 노동은 부끄러운 것이 되었습니다.

출가한 후에 사회에 물들었던 선입견들이 빠져나가면서 내 생각이 다시 살아나기 시작했고 노동이 고귀하다는 진실을 알게 되었습니다.

이 사회는 도대체 우리를 어디로 이끄는 것일까요? 아들이 성실한 아버지를 부끄럽도록 만드는 사회, 아버지는 스스로를 패배자로 여기게 만드는 사회, 1등도 2등이 되면 실패자가 되는 사회, 이대로 우리에게 밝은 미래가 있을까요?

집단 최면에서 벗어납시다. 사회가 내게 주입한 잘못된 생각들을 벗어던집시다. 사회가 내게 주입한 잘못된 생각들을 벗어던집시다. 이 어처구니없는 시대적 무지에서 벗어날 때 노동도, 장애도, 꼴등도, 못생김도, 하나의 존귀한 기적이라는 것을 알아차리게 될 것입니다.

오지랖과 자비

헌신적이고, 자신을 희생할 줄 알고, 남의 일을 도우려 하고…….인정이 많은 것을 자비라고 착각하는 경우가 있습니다. 아무리 인정이 많아도 지혜롭지 못하다면 그것은 오지랖이 됩니다. 분명히 상대방을 위해서 한 일이지만 결과적으로 나는 그 일에 치여 힘들어 병나고, 그 사람에게 상처가 되는 일들이 허다합니다. 지혜롭지 못해서입니다.

지혜로운 이는 상대방을 위해서 무엇인가를 한다면 그 사람의 특성을 잘 살핍니다. 그 사람이 무엇을 좋아하는지, 무엇을 싫어하는지, 또 문제가 생겼을 때는 원인을 살피고 즉각적으로 해결 방안을 찾습니다.

남을 돕고 나를 돕기 위해서는 지혜로워야 합니다. 지혜와 인정이 합쳐질 때 진정으로 다른 이를 도울 수 있는 자비가 생겨납니다.

화 다스리기

싸우고 나서 1시간만 지나도 창피하고 후회가 됩니다.
'부끄러워, 내가 왜 그랬지?'

화가 나는 것을 알아차리는 순간!
1 스텝 일단 멈춤.
2 스텝 심호흡 10번.
3 스텝 화가 나게 된 상황(사람)을 이해해보기.
그래도 안 되면 심호흡 다시 10번.
그래도 안 되면 따뜻하고 달달한 커피 한잔하세요.
이 정도 수고를 들이면 웬만한 화는 해결될 거예요.
화에서 얼른 빠져나오세요.

카메라 수행

어린이날을 맞아 카메라를 내가 나에게 선물했습니다. 카메라 찍기 수행이 시작되었습니다.

신기한 점을 발견했습니다. 사진기를 들이대면 사람들은 나를 보며 웃습니다. 사람들을 웃게 만드는 아이템입니다.

웃으면 마음이 열립니다.

마음이 열리면 환하게 웃을 수 있습니다.

마음이 열리지 않으면 일명 '썩소'를 짓게 됩니다.

만나는 모든 사람과 함께 웃기를 기원해봅니다.

찰칵~.

생각 주머니

자신의 잘못을 지적하는 사람을 만나면 왜 움츠러들고 싫은 마음이 날까요? 도대체 원인이 무엇일까요? 왜 그럴까요?

사람들은 누구나 자신의 관점을 옳다고 생각합니다. 그 관점, 그 생각이 자신의 것이라고 여깁니다. 아니, 소중한 자신이라고 믿습니다. 생각 주머니가 똥이 가득한 주머니든, 금이 가득한 주머니든 상관없이 자신의 것이기에 소중한 것이지요.

그런데 누군가가 그 주머니에는 똥이 들어 있다고 말하니, 화가 날 수밖에 없습니다.

현명한 이는 금과 똥을 구분할 줄 압니다. 똥을 금으로 바꾸는 방법, 이미 들어 있는 똥을 내다 버리는 방법, 금을 주워 담는 방법도 압니다.

하지만 많은 이들은 뭐가 똥이고 금인지 구분하지 못합니다.

당신의 생각 주머니에는 무엇이 들어 있나요?

본색

밥 먹을 때, 식탐을 볼 수 있습니다.

고스톱을 칠 때, 재욕을 볼 수 있습니다.

도움을 베풀 때, 인색함을 볼 수 있습니다.

고난이 닥쳤을 때, 친구라는 이름이 가면인지 진실인지 볼 수 있습니다.

여행할 때, 기존의 이미지가 온전히 무너지는 경험으로 진면목을 볼 수 있습니다.

자신 있나요?

꿈

꿈은 무의식의 필름을 투사하는 영화입니다.
의식 밑바닥을 볼 수 있는 기회이죠.
긍정적인 성향의 사람은 행복하고 멋진 꿈을 꿉니다.
부정적인 성향의 사람은 불안하고 무서운 꿈을 꿉니다.
화내기 좋아하는 사람은 꿈에서도 화만 냅니다.
남을 도와주기 좋아하는 사람은 꿈에서도 남을 도와줍니다.
꿈을 보면 내 의식 수준을 엿볼 수 있습니다.
참 적나라하죠?
어젯밤 꿈이 바로 당신의 행복 수준입니다.

무적권법 금강권

손가락 중에 엄지는 으뜸을 상징합니다. 손가락을 오므리면 주먹이 되죠? 그리고 주먹은 외부의 대상인 '너'와 싸우려고 할 때 말아 쥐는 것이죠. 주먹으로 상대방을 위협하려고요. 이런 주먹을 권력자가 쥐게 되면 전쟁이 일어나겠죠? 이것은 문제, 갈등의 원인이 너한테 있다는 착각을 기반으로 합니다.

불교에서는 주먹을 좀 다르게 쥡니다. '금강권'이라는 주먹인데 엄지를 안으로 말아 쥐는 주먹이죠. 문제, 갈등의 원인이 나한테 있다는 말입니다. 이것은 다른 사람이 아닌 내 고집을 깨뜨리기 위한 주먹입니다. 금강권으로 상대방을 공격하면 내 손이 다치거든요. 누구도 공격할 수 없는 주먹인 이 금강권은 적敵이 없는, 무적無敵의 권법입니다. 이런 주먹을 권력자가 쥐게 되면 태평성대가 열립니다. 손바닥을 펴고 있는 상태는 평등하고, 두려움 없고, 평화로운 상태입니다.

문제가 생겼습니다. 내 탓? 네 탓? 당신은 무엇을 선택하시겠습니까? 만 가지 재앙의 근본인 고집. 이것을 깨뜨리는 금강과도 같은 주먹을 우리 함께 쥐어볼까요?

화라는 충돌음

부딪힘, 이 마찰을 해결하여 자유롭고 싶습니다. 하지만 마음대로 잘 안 돼요. 화가 나요.

화는 내가 가진 기준과 세상과의 충돌음입니다. 화가 나면 지금 내가 운전해 나가고 있는 삶의 방향을 살펴봐야 합니다.

'어디로 가고 있는가?'

'내 어떤 기준이 충돌하게 만들었지?'

화라는 충돌음이 들릴 때, 나의 날카롭고 모난 고집을 깎아낸다면 누구와 언제, 어디서든 서로 화합하며 웃을 수 있지 않을까요?

화가 나도 괜찮아요. 충돌음을 들을 수 있으면 돼요. 그 소리를 알아차릴 때가 바로 나를 바꿀 수 있는 기회입니다.

버리고 또 버리니 큰 기쁨일세

버리고 또 버리니 큰 기쁨일세.
탐진치 어둔 마음 이같이 버려
한 조각 구름마저 없어졌을 때
서쪽에 둥근 달빛 미소 지으리.
　-입측진언入厠眞言 중에서

해우소解憂所(화장실)에 들어갈 때 마음에 새기는 문장입니다. 사람들은 자신의 몸이 깨끗하다고 생각하지만, 실상을 보면 그렇지 않습니다.

예쁘고 폼 나는 요리, 달콤하고 신선한 과일을 사람이 먹으면 무엇으로 출력될까요? 당연히 오물로 나옵니다. 그 이유는 몸 안이 청정하지 못하기 때문입니다.

'버리자!'

내 생각에 사로잡혀 일으키는 고집을 버려야 합니다. 고집은 사람의 마음에서 악취가 나도록 만듭니다. 그래서 자신의 의견만을 고집하는 사람 곁에는 사람들이 다가가지 않습니다. 피하고 싶어 하지요. '마음의 오물' 고집을 버려야 합니다.

고집을 버린다는 것은 의견을 버리라는 것이 아닙니다. 내 의견은 가지되 상대방의 의견도 존중해주는 것입니다.

화장실에 들어가서 몸의 오물을 버리듯, 매일 마음의 오물을 버리는 연습을 시작해볼까요?

나를 바꾸면

'세상에 되는 일이 하나 없어! 흑흑.'

혹시, 안 되는 방법으로 계속하고 있는 건 아닌가요?

세상을 바꾸려고 하면 절망이 다가옵니다.

그 절망과 비교해볼 때, 세상을 바꾸는 것보다는 나를 바꾸는 것이 훨씬 쉬운 일입니다.

나를 바꾸면 세상의 변화가 따라옵니다. 내가 변하기 시작하는 그 순간, 세상만사가 내 뜻대로 돌아간다는 것을 알아차릴 거예요.

진짜예요.

적정처 寂靜處

　적정처란 마음을 평안하게 하는 장소입니다. 많은 사람과 만나지 않아도 되고, 여러 소식을 듣지 않아도 되며, 이것저것 과한 업무에 시달리지 않아도 되는 그런 장소입니다.

　하지만 요즘 그런 장소는 흔하지 않습니다. 그런 장소에 있으면 어떻게 먹고 삽니까? 맞습니다! 그래서 이 적정처를 장소의 개념이 아닌 마음의 개념으로 본다면 적정처는 바로 사랑, 용서, 평화의 '의식'입니다. 이 의식에 머무르면 만나는 모든 사람이 소중한 벗이고, 혼잡한 명동 한복판에 서 있어도 고요하며, 언제 어느 곳에 머무르든 그곳이 바로 극락입니다.

　온 세상의 바닥에서 쇠못이 빽빽하게 자라난다고 생각해봅시다. 땅을 디뎌 서고, 걷고, 눕기에 너무나 고통스럽습니다. 온몸이 찢겨 나갑니다. 고통에서 벗어나려면 어떻게 해야 할까요?

　바닥의 쇠못을 열심히 제거하지만 한 못을 제거할 때쯤 되면 그 옆에 생명력 강한 쇠못이 다시 자라나고 있습니다. 이렇게 해서 고통에서 벗어나는 것이 가능할까요? 세상을 바꾸는 것이 가능할까요?

　가능합니다. 아주 간단한 이치입니다. 정말 쉽습니다. 쇠못 보다 단단한 신발 하나면 됩니다. 그럼 세상 어디를 가든 내 몸이 찢겨지지 않는답니다. 물론 공짜로는 안 되죠. 노력 없이는 안 돼요. 당연한 이치입니다. 그래서 아주 조금의 노력이 필요합니다. 발바닥이 평생 찢기는 고통에 비하면 정말 적은 노력입니다.

당신은 무엇이든 이룰 수 있는 가능성을 가진 존재입니다. 그 가능성을 가지고 전기 충격기 위의 원숭이와 같이 학습된 무기력에 빠져 쓸모없는 인욕忍辱을 하시면 안 됩니다.

부디 자신의 가능성, 존귀함을 포기하지 마세요. 해답은 당신의 마음에 있습니다. 마음의 적정처인 사랑과 용서 그리고 평화에 머무르세요. 어느 곳을 가든 극락의 꽃을 피워내는 당신이 되시길!

우리

우리는 지금은 모르고 있지만, 이러한 존재가 아니었을 것입니다. 이 작은 몸뚱어리만을 나의 전부라고 여기며 살지는 않았을 것입니다. 너무도 답답하고, 숨이 막힐 듯하게 작은 나만을 생각하며, 아무것도 기억 못 하는 환자처럼 자신의 에고ego에 속고 있는 듯합니다.

우리에게 다가오는 모든 인연, 이것은 모두 우리에게 주어진 '그'의 축복입니다. '그'는 부처님일 수도, 하나님일 수도 있습니다. 다가오는 인연들 하나하나를 축복으로 즐기기 위해서는, 더 이상 이 몸뚱어리만을 나라고 여겨서는 안 됩니다.

나에서 우리로, 우리에서 모든 존재로, 모든 존재에서 온 우주로. 내가 마침내 온 우주가 되었을 때 이 답답함은 사라지지 않을까요?

사무치게, 가슴 사무치게 갑갑한 이것을 떨쳐버리기 위해, 오늘도 우리는 우리로 살기 위해 이리저리 뛰어다닙니다. 오늘도 끝없는 지금의 연속에서, 나에게서 일어나는 모든 일 하나하나가 다른 모든 존재에게 앞으로 나아가는 계기가 되기를 간절히 기원합니다.

우리는 이미 붓다

당신은 약한 사람이 아닙니다. 힘없는 나약한 존재가 아닙니다. 이미 붓다(깨달은 존재)가 될 자질을 가지고 있는 존귀한 존재입니다. 기대가 불러들이는 비교. 이것이 당신을 비참하게 할 뿐입니다.

당신은 이미 충분한 사람입니다. 이 환희로운 세상을 자유롭게 날 수 있는 날개가 당신에게 이미 있습니다. 다만 펼치는 방법을 잊었을 뿐입니다.

오늘 이 순간, 인생의 1막을 끝내고 세상의 주인으로서 창공을 나는 멋진 2막을 올리소서.

이 글을 읽으며 가슴이 뛰는 당신, 2막이 시작되었음을 알립니다.

부처 핸섬을 찾아 마음 여행 떠나기

'잘생긴 부처님'을 네 글자로 줄인 말이 '부처 핸섬'이라고 합니다. 누구에게나 있는 자신들의 부처 핸섬을 찾아서 원빈 스님과 함께 즐거운 마음 여행을 떠나세요. 행복의 큐레이터, 원빈 스님이 독자들을 '비슷한 행복'이나 '나아진 행복'이 아닌 '다른 행복', 즉 최상의 행복 세계로 안내해줄 것입니다.

- 미산 스님 (상도선원 선원장)

지혜로운 우주의 진동과 공감의 파동을 만들다

인간은 누구나 스스로를 만들어가는 대장장이이며, 동시에 스스로 다듬어 내놓은 보검과 같은 존재입니다. 즉 누구나 자신의 삶을 창조하는 주체이면서 동시에 스스로 만들어가는 삶의 주인공입니다. 그러나 그와 같은 사실을 누구나 쉽게 깨우치고 실천할 수 있는 것은 아닙니다. 원빈 스님은 스스로의 인생을 스스로 창조해낸 수행자이며, 지금 이 순간 누구도 부럽지 않은 인생의 승리자입니다. 스스로 옹기장이가 되어 옹기를 빚어내듯이 자신을 연마하고 다듬어가고 있습니다. 이 글은 필자의 수행 과정을 진솔하게 기술한 내용으로 구성되어 있습니다. 원빈 스님이 눈 푸른 납자로서 스스로를 담금질하는 그 치열한 수행의 현장에 독자 제현들은 함께할 수 있는 영광을 갖게 되었습니다.

우주 탄생의 큰 진동도 한 줄기 작은 울림에서 시작됩니다. 이 책에서 주는 원빈 스님의 작은 울림이 많은 사람들에게 지혜로운 우주의 진동과 공감의 파동을 만들 것이라고 믿습니다.

- 김응철 (중앙승가대학교 교수)

영혼이 맑아지는 글과 아름다운 세상을 꿈꾸며

원빈 스님은 저를 위해서 부처님께, 저는 스님을 위해서 하느님께 기도를 드립니다. 너무 멋진 일이죠! 종교적인 신념이 다르다고 해서 서로 사이가 나빠야 할 이유는 없으니까요.

페이스북의 탁월한 감각의 사진과 절묘하게 어우러지는 글에서 영혼이 맑아지는 느낌을 받곤 했습니다. 있는 그대로의 자신을 내어놓는 솔직함, 지나치기 쉬운 일상 안에서도 삶의 진리를 꿰뚫는 예사롭지 않은 통찰력, 위트와 유머까지 무엇 하나 부족함이 없는!

그래서인지 어느덧 스님의 글을 읽는 일은 저에게 잔잔한 기쁨과 감사, 설렘과 경탄의 시간이 되었습니다. 그리고 제가 제일 좋아하는 초대의 말씀이 '함께 가요 행복의 길'입니다. 아무도 소외되는 이 없이 세상을 품는 큰 사랑으로 함께 가고 싶은 간절한 염원과 순정한 희망으로, 어쩌면 저 역시 더 아름다운 세상을 꿈꾸는 까닭입니다.

페이스북에 올린 멋진 글을 드디어 출간하신다니, 진심으로 축하드립니다. 읽으시는 많은 분들께 넘치는 위로와 기쁨, 용기와 희망의 벗이 되어주리라 믿습니다!

- 이인선 (수녀)

페이스북 친구들이 응원합니다!

좋은 말씀 항상 깊이 와닿는 한 구절 한 구절 힐링하며 소중히 들었습니다. 항시 좋은 글을 받아볼 수 있어 감사함을 느낍니다.

- 페이스북 친구, Yongwoon Kim

눈에 보이는 글이라기보다 마음을 열게 하여 함께 생각하고, 고민하고, 또 무릎을 치게 만드는 글이었습니다. 공감 백배요!

- 페이스북 친구, 전혜숙

스님의 좋은 말씀이 책으로 나온다니 정말 좋습니다. 페북을 하지 않는 분들에게도 좋은 말씀이 전달되어 사람들의 마음이 좀 더 따뜻해졌으면 좋겠습니다.

- 페이스북 친구, 최우석

스님의 한마디의 말과 한 문장의 글들이 마음을 깨우고 있습니다. 세상은 혼자 살 수 없듯이 모든 인연을 소중하게 간직하고 넓은 마음으로 바라보려 합니다. 많은 사람들이 스님의 뜻을 마음에 담아 실천할 수 있는 아름다운 세상이 되었으면 좋겠습니다.

- 페이스북 친구, 김영도

특별한 종교 없이 평생을 살아왔는데 스님의 글을 자주 접하면서 '불교가 나에게 적합한 종교인가?' 하는 생각을 가끔 해 봅니다.

- 페이스북 친구, 홍성춘

스님의 말씀이 힘들고 괴롭고 답답할 때 큰 도움이 되었습니다. 꼭 제 맘과 상태를 아시는 것 같거든요.

- 페이스북 친구, 전해성

그간 올려주셨던 많은 글들을 보며 때론 가슴 찡한 감동을 받기도 했고, 한밤중에 혼자 킥킥대며 웃기도 했고, 순간순간 내 자신의 모습을 되돌아보는 시간을 갖기도 했습니다. 이 모든 나눔의 결실이 맺어지는 듯해서 기쁩니다.

- 페이스북 친구, 이주연

웃음과 행복을 마음 밭에 심기도 하고, 빵빵 터지기도 하고. 누구나 쉽게 공감할 수 있어 참 좋아요.

- 페이스북 친구, 이민주

스님은 우리가 쓴 댓글의 부메랑이 되어 더 멋지게 토닥여주었지요. 생채기 난 가슴을 토해낼 수 있는 동기부여를 해주셨을 때

댓글을 적고 나면 마음이 후련해지곤 했지요.

- 페이스북 친구, 장영희

글에도 얼굴이 있고 마음이 있습니다. 멋 부리거나 과장되지 않은 글이 오히려 우리의 마음을 움직입니다.

- 페이스북 친구, 김재호